Español B

Workbook

for the IB Diploma
1st Edition

CONCEPCIÓN ALLENDE-URBIETA
MAITE DE LA FUENTE-ZOFÍO

Published by Pearson Education Limited, 80 Strand, London, WC2R 0RL.

https://www.pearson.com/international-schools

Development edited by Charonne Prosser
Copy edited by Penny Fisher
Proofread by Penny Fisher and Daniela Vega
Designed by Pearson Education Limited
Typeset by Tech-Set Ltd
Picture research by Integra
Original illustrations © Pearson Education Limited
Cover photo at Getty Images/ivanastar

Cover design © Pearson Education Limited

Inside front cover: **Shutterstock.com**/Dmitry Lobanov

The right of Concepción Allende-Urbieta and Maite de la Fuente-Zofío to be identified as the authors of this work have been asserted by them in accordance with the Copyright, Designs and Patents Act 1988.

First published 2021

24 23 22 21
10 9 8 7 6 5 4 3 2 1

British Library Cataloguing in Publication Data
A catalogue record for this book is available from the British Library

ISBN 978 1 292 33117 1

Printed in Slovakia by Neografia

Acknowledgements
Text extracts relating to the IB syllabus and assessment have been reproduced from IBO documents. Our thanks go to the International Baccalaureate for permission to reproduce its copyright.

This work has been developed independently from and is not endorsed by the International Baccalaureate (IB). International Baccalaureate® is a registered trademark of the International Baccalaureate Organization.

This work is produced by Pearson Education and is not endorsed by any trademark owner referenced in this publication.

The links to third-party websites (QR codes) provided were valid at the time of publication and were chosen as being appropriate for use as an education research tool. However, due to the dynamic nature of the Internet, some URLs may change, cease to exist, or inadvertently link to sites with content that could be considered offensive or inappropriate.

While Pearson Education regrets any inconvenience this may cause, it cannot accept responsibility for any such changes or unforeseeable errors.

Text Credits:
Random House Mondadori: Isabel Allende, Mi país inventado, © 2003, Random House Mondadori 7; **Naciones Unidas:** La Declaración Universal de Derechos Humanos, © Naciones Unidas 13, 58; **La Organización Mundial de la Salud:** Definición de estilo de vida, © La Organización Mundial de la Salud 18; **Ediciones El País S.L:** Mojácar, pueblo blanco sobre fondo azul, por Elena Sevillano, Agosto 26, 2019, © Ediciones El País S.L 46; **Manu Chao:** Clandestino por Manu Chao, © Manu Chao 65; **Penguin Random House Grupo Editorial España:** Mario Vargas Llosa, El Paraíso en la otra esquina (Primeros capítulos),© 2103, Penguin Random House Grupo Editorial España. Usado con permiso. 82; **Centro Nacional de Biotecnología:** Entrevista A Cuatro Científicas Por Los Niños Y Niñas Del Colegio Público Príncipe De Asturias,17 Febrero 2017, © Centro Nacional de Biotecnología. Usado con permiso. 87; **Elomundo:** Maribel Escalona, ¿Por qué nos gusta cotillear de los famosos?, marzo 14, 2014, © Elomundo. Usado con permiso. 105; **Danalarcon:** © Danalarcon 111; **Banco Mundial LAC:** © Banco Mundial LAC 137; **Oxfam:** © Oxfam 155; **BBVA:** Centeno, MA and Lajous, A., "Challenges for Latin America in the 21st Century", in The Age of Perplexity. Rethink the World we knew, Madrid, BBVA, 2017. 158; **Lugares-Abandonados:** © Lugares-Abandonados 168; **Jones Lang LaSalle, IP, Inc:** © Jones Lang LaSalle, IP, Inc 168; **Penguin Random House:** Mario Benedetti, El amor, las mujeres y la vida , © 2014, Penguin Random House. 175.

Photo Credits:
(key: b-bottom; c-center; l-left; r-right; t-top)

123RF: Cathy Yeulet/123RF 108tr, Cathy Frost/123RF 174(g), Frameangel/123RF 129c, Kakigori/123RF 111; **Alamy Stock Photo:** Brian Overcast/Alamy Stock Photo 152tr, Classic Image/Alamy Stock Photo 143, Geoff A Howard/Alamy Stock Photo 039t, Ken Welsh/Alamy Stock Photo 109, Marmaduke St. John/Alamy Stock Photo 121tr, © Ralph Lauer/ZUMAPRESS.com/Alamy Live News/Alamy Stock Photo 152bl, Stefano Politi Markovina/Alamy Stock Photo 001, Scott Ramsey/Alamy Stock Photo 37, Tom pfeiffer/Alamy Stock Photo 173b; Tom Salyer/Alamy Stock Photo 008(a), Arizona/Homydesign/Zoonar GmbH/Alamy Stock Photo 71; **Astiberri:** © Astiberri 138, 140; **Getty Images:** Alan Hopps/Moment/Getty Images 149c, Alter_photo/iStock/Getty Images Plus/Getty Images 039b, Anke Wittkowski/EyeEm/Getty Images 152tc, Antikwar/iStock/Getty Images Plus/Getty Images 021, Antonel/iStock/Getty Images Plus/Getty Images 040t, Arnphoto/iStock Editorial/Getty Images Plus/Getty Images 162a, BONNINSTUDIO/iStock/Getty Images Plus/Getty Images 97c, Dimdimich/iStock/Getty Images Plus/Getty Images 174(c), Evgenii Mitroshin/iStock Editorial/Getty Images Plus/Getty Images 173c, FatCamera/E+/Getty Images 174(i), FotografiaBasica/E+/Getty Images 174(d), GaryAlvis/E+/Getty Images 008(c), George Rose/Getty Images News/Getty Images 054b, Geri Lavrov/Photographer's Choice RF/Getty Images 84l, Hill Street Studios/DigitalVision/Getty Images 054tl, Image Source/Photodisc/Getty Images 054lr, Jamesvancouver/iStock/Getty Images Plus/Getty Images 174(b), JGI/Jamie Grill/Getty Images 108tl, JuliaKokhanova/iStock/Getty Images Plus/Getty Images 174(h), Kenta Tanaka/EyeEm/Getty Images 163c, Kentaroo Tryman/Maskot/Getty Images 129tl, Liyao Xie/Moment/Getty Images 149f, Lucas Oleniuk/Toronto Star/Getty Images 035tl, Luis Adrianzen/500Px Unreleased Plus/Getty Images 173d, Microgen/iStock/Getty Images Plus/Getty Images 025tl, Monkeybusinessimages/iStock/Getty Images Plus/Getty Images 129tr, Nagesh Ohal/Barcroft Media/Getty Images 121bl, Naropano/iStock/Getty Images Plus/Getty Images 173a, Peter Muller/Cultura/Getty Images 108bl, Photos by R A Kearton/Moment/Getty Images 162b, RichLegg/E+/Getty Images 035tr, Ross D. Franklin-Pool/Getty Images 69t, Soyazur/iStock/Getty Images Plus/Getty Images 046, Sunrise@dawn Photography/Moment/Getty Images 149h, Tharathip Onsri/EyeEm/Getty Images 97bl, Tim Grist Photography/Moment/Getty Images 149a, Tim Robbins/Mint Images RF/Getty Images 025b, Urbazon/E+/Getty Images 84c, Wavebreakmedia/iStock/Getty Images Plus/Getty Images 025tr, Wtolenaars/iStock/Getty Images Plus/Getty Images 044, Zied Mbarki/EyeEm/Getty Images 84r; **Shutterstock:** 360b/Shutterstock 082, A Aleksii/Shutterstock 009cr, Agsandrew/Shutterstock 085, Andrea Izzotti/Shutterstock 035c, Antoniodiaz/Shutterstock 108br, Bernadette Heath/Shutterstock 163g, Bogdan ionescu/Shutterstock 174(f), Carmen Medlin/Shutterstock 154t, Cristina Stoian/Shutterstock 174(e), Daniel M Ernst/Shutterstock 035bl, Dietmar Temps/Shutterstock 035br, Ecuadorpostales/Shutterstock 142l, Emilio Morenatti/AP/Shutterstock 068, Eteimaging/Shutterstock 009cl, EvijaF/Shutterstock 152tl, Gorodenkoff/Shutterstock 97br, Huy Thoai/Shutterstock 040b, Jon Chica/Shutterstock 163e, JUAN MANUEL BLANCO/EPA-EFE/Shutterstock 69b, Kamira/Shutterstock 163h, Kzenon/Shutterstock 121tl, Lazyllama/Shutterstock 174(a), Lucien Fraud/Shutterstock 009tl, Lucky Business/Shutterstock 129br, Luis Romero/AP/Shutterstock 008(b), MAR Photography/Shutterstock 008(d), Metin Celep/Shutterstock 163f, Nuno Andre/Shutterstock 009bl, Pavel1964/Shutterstock 174(j), Robert Lucian Crusitu/Shutterstock 092, Ruimin Wang/Shutterstock 149e, Ruslana Iurchenko/Shutterstock 142r, Sabelskaya/Shutterstock 009tr, Spotters/Shutterstock 121br, Sundry Photography/Shutterstock 149d, Tatyana Vyc/Shutterstock 142c, Testing/Shutterstock 163d, Usanee/Shutterstock 149b, Vadim Nefedoff/Shutterstock 152br, Vitstudio/Shutterstock 091, Vodograj/Shutterstock 129bl; **Unsplash: © Unsplash 149g.**

Contenido

Introducción

Este cuaderno de Español B está diseñado, mediante contenidos accesibles, para un estudio completo y profundo de la asignatura y sirve también como un manual de apoyo enfocado al aprendizaje.

Al estar presentado como un cuaderno de trabajo, tendrás la posibilidad de contestar directamente en tu ejemplar, lo que simplifica el proceso de aprendizaje.

El cuaderno incluye el contenido requerido tanto de Nivel Medio como de Nivel Superior para abordar el programa de Lengua B según las pautas del Bachillerato Internacional.

Hemos incluido textos que son actuales y consideramos relevantes para un estudiante del Diploma, y hemos hecho un esfuerzo por añadir textos relacionados con la gran variedad de países en donde el español es una lengua oficial.

Los textos se han elegido siempre teniendo en mente posibles conexiones con otras asignaturas, que tu podrás identificar inmediatamente.

Este contenido se basa en las **cinco áreas temáticas** previstas en el programa. Cada una de las cinco áreas temáticas presenta la posibilidad de explorar todos los temas prescritos y varios subtemas. Para empezar, en cada uno de esos temas incluimos una actividad inicial con el objetivo de reforzar el vocabulario necesario.

- **Identidades:** Los objetivos de esta área son explorar la naturaleza del ser humano y comprender el significado de la condición humana. Para investigar esta área se estudian aspectos de la identidad, la relación de la lengua con la identidad, los estilos de vida y las creencias y valores.
- **Experiencias:** Los objetivos de esta área son explorar y contar la historia de acontecimientos y experiencias que determinan la vida. Para trabajar en esta área se estudian experiencias de diversos tipos de viajes, ritos de paso y varios aspectos del fenómeno de la migración.
- **Ingenio humano:** Los objetivos de esta área son explorar cómo afectan al mundo la creatividad humana y la innovación. Para investigar esta área se estudian el arte y las expresiones artísticas, la tecnología e innovación científica y los medios de comunicación.
- **Organización social:** Los objetivos de esta área son explorar cómo se organizan grupos de personas, o cómo permanecen organizados, mediante sistemas o intereses comunes. Para trabajar en esta área se estudian el compromiso social, el mundo laboral y la comunidad.
- **Cómo compartimos el planeta:** Los objetivos de esta área son explorar las oportunidades y dificultades a las que se enfrentan individuos y comunidades en el mundo de hoy. Para investigar esta área se estudian el medio ambiente y los desastres naturales, paz y conflicto y el medio urbano y rural.

El estudio de cada área temática tiene como objetivo adquirir y estimular las cuatro destrezas lingüísticas, identificadas por sus iconos distintivos (lectura, escritura, comprensión auditiva y práctica oral), que serán evaluadas a través de una variedad de actividades:

Destrezas receptivas:

- Actividades de comprensión de lectura, aplicando diversas técnicas y métodos, sobre una variedad de textos auténticos y de actualidad.

- Actividades de comprensión auditiva de diferentes niveles de dificultad, aplicando igualmente diversas técnicas de comprensión sobre videos/audios auténticos. Estos videos son accesibles mediante códigos QR, por lo tanto necesitarás un lector QR como aplicación en tus soportes informáticos.

Destrezas productivas:

- Prácticas de expresión escrita basadas en los contenidos de las áreas temáticas, donde se hace hincapié en el tipo de texto apropiado para cada tarea teniendo en cuenta quién o quienes es el receptor para aplicar el registro y tono adecuados.

- Prácticas para la prueba oral, en las que se ofrecen fotografías y estímulos visuales conectados con cada una de las áreas temáticas para su descripción y discusión.

Destrezas interactivas:

- En las prácticas orales, para estimular y enriquecer la discusión que sigue a la presentación.
- También se ofrecen mini debates sobre puntos de interés surgidos en el estudio de las áreas temáticas.

Además cada capítulo incluye:

- Actividades preparatorias (**Para empezar**) con **actividades de vocabulario** o contenidos generales.
- **Gramática en contexto**

Gramática en contexto

Discurso directo y discurso indirecto
Una entrevista es una transcripción escrita del diálogo (oral) producido entre el entrevistador y el entrevistado que reproduce literalmente, discurso directo, las respuestas del entrevistado.

- Recuadros de **vocabulario** que ofrecen un glosario en preparación para la lectura de un texto. Algunos recuadros de vocabulario ofrecen oportunidades de buscar definiciones (y acepciones) y con ellas escribir oraciones.

Trozo: una parte de una cosa que ha sido separada de ella

- Recuadros con **Consejos para el examen** relacionados con los diferentes tipos de preguntas que aparecen.

Consejos para el examen

En las actividades donde se pide encontrar sinónimos es importante tener en cuenta si las palabras que aparecen en la lista son verbos, sustantivos, adjetivos o adverbios pues su sinónimo siempre pertenecerá a la misma categoría.

- Actividades **Para ir más lejos** en la exploración e investigación del tema.

Para ir más lejos

Después de estudiar sobre la identidad, escribe sobre aquellos puntos que consideras más importantes y que confirman o niegan tus ideas previas, según lo expresaste en la Actividad 1.

- Recuadros con **Puntos de información** extra sobre contenidos o autores de los textos,

Punto de información

Los documentos de Identidad incluyen datos personales tales como nombre y apellidos, lugar y fecha de nacimiento, profesión, domicilio o lugar de residencia acompañados por una fotografía del titular.

- Actividades para desarrollar los siguientes **enfoques de aprendizaje**: habilidades sociales, de investigación, de pensamiento y de comunicación

Enfoques de aprendizaje

Habilidades de pensamiento y comunicación

Explica otro(s) tipo(s) de clasificación por la que puedes identificarte.

- Cada tema concluye con una propuesta para la **reflexión y autoevaluación** de los estudiantes sobre sus capacidades en las distintas destrezas lingüísticas.

Comprensión de lectura	Bien	Necesito mejorar
Comprensión auditiva	Bien	Necesito mejorar
Producción escrita	Bien	Necesito mejorar
Oral individual	Bien	Necesito mejorar

- Conexión con **Teoría del Conocimiento** relacionada con el proceso de adquisición de lengua.

¿Hasta qué punto nuestra identidad puede modificarse a lo largo de nuestra vida?

¿Es posible mantener una identidad toda la vida, o hay que modificarla y adaptarse a posibles cambios?

- Actividades apropiadas para el programa de **CAS** relacionadas con los contenidos estudiados en cada área temática.

CAS

Pueden organizarse jornadas de sensibilización sobre la problemática de la inmigración o emigración y sus posibles consecuencias para los individuos y las familias que se ven obligados a dejar su país por razones políticas o económicas.

1 Identidades

1.1 LA IDENTIDAD

Para empezar

Actividad 1: ¿A qué llamamos identidad?

1 Empareja las palabras (1–7) con sus definiciones (a–g). Escribe la letra correcta en la columna del medio.

1 rasgos		**a** conjunto de personas que tienen intereses comunes
2 pertenencia		**b** principios éticos para orientar el comportamiento
3 colectivo		**c** bienes culturales que se transmiten de generación en generación
4 tradiciones		**d** características que permiten la identificación
5 valores		**e** clasificación de personas o cosas según un criterio
6 creencias		**f** acción de formar parte de un grupo
7 categoría		**g** principios ideológicos de un grupo social

2 Escribe siete oraciones donde emplees cada una de las palabras propuestas.

3 Explica con tus propias palabras lo que crees que es la identidad y cómo definirla.

V

-Busca en un diccionario la definición de la siguiente palabra:

Identidad

-Anota todas las acepciones que encuentres en la definición.

-Escribe oraciones en las que utilices la palabra con sus diferentes acepciones para practicar.

Actividad 2: Identidad personal

1 Al hablar de identidad es fácil relacionarlo con algún certificado o cédula de identidad: carné de identidad, pasaporte, etc. ¿Es común en tu país tener un carné de identidad? ¿Si no lo es, cómo se identifica la gente ante una situación oficial? Explica con tus propias palabras de qué forma se identifica la gente en tu país.

Punto de información

Los documentos de identidad incluyen datos personales tales como nombre y apellidos, lugar y fecha de nacimiento, profesión, domicilio o lugar de residencia acompañados por una fotografía del titular.

En México se llama Clave Única del Registro de Población (CURP) y es obligatorio a partir de los 18 años.

En Argentina usan el Documento Nacional de Identidad, también obligatorio desde los 18 años.

En España se utiliza el Documento Nacional de Identidad o Carné de Identidad, obligatorio a partir de los 14 años

2 ¿Estás de acuerdo con el uso de carné o cédula de identidad? ¿Crees que existe un riesgo para la protección de datos personales?

3 ¿En qué casos crees que puede ser importantísimo tener un carné de identidad o un documento que te pueda identificar? Explica por qué.

4 Y tú, ¿cómo te identificas?

Ordena la lista de características, numerando del 1 a 13, según las consideres más o menos importantes a la hora de definir tu identidad. Compara y discute tu lista con la de un compañero.

Te identificas por:

tu edad	
tu color de piel	
la lengua que hablas	
tu nacionalidad	
el instituto en donde estudias	
la zona en la que vives	
tu familia	
tu altura	
tu peso	
tu sexo	
tus gustos musicales	
tus gustos literarios	
tus amigos	

Enfoques de aprendizaje

Habilidades de pensamiento y comunicación

Explica otro(s) tipo(s) de clasificación por la que puedes identificarte.

¿Es la identidad algo personal y dependiente solo de nuestra propia decisión, o la gente puede identificarnos como algo distinto a lo que pensamos?

Puesta en común: Discutan los resultados en grupos.

Práctica de comprensión auditiva (Prueba 2)

Texto A: ¿Qué es la identidad?

Vas a ver un video de Aníbal Frituras. Contesta las siguientes preguntas de acuerdo con el video.

V

Trozo: una parte de una cosa que ha sido separada de ella

Portador: que lleva una cosa de un lugar a otro

Abarcar: comprender una cosa dentro de lo que se expresa

Preguntas de comprensión

1 ¿Qué es la identidad?

2 ¿Qué es un documento de identidad?

3 Aníbal propone los siguientes tipos de identidades. Copia un resumen de su definición en cada una.

- La identidad cultural ______________________________
- La identidad nacional ______________________________
- La identidad de género ______________________________
- La identidad personal ______________________________

Texto B: ¿Que es la identidad social? (Fray Martínez)

Consejos para el examen

En las preguntas de respuesta múltiple en una actividad auditiva es importante tener en cuenta que no siempre están enunciadas de forma literal sino que en ocasiones, la respuesta correcta debe deducirse dentro del contexto en el que se incluye. También es posible que los enunciados empleen otras palabras con el mismo significado, pero diferentes a las utilizadas en el video.

Vas a escuchar a un psicólogo hablando sobre la identidad social. Elige la respuesta correcta y márcala en la casilla en blanco.

Preguntas de comprensión

1 Fray Martínez compara la identidad con una...

☐ **A** actividad.
B etiqueta.
C autoridad

2 Fray Martínez considera que la identidad...

☐ **A** nos ofrece riesgos y beneficios.
B nos puede alejar de los otros.
C nos ayuda a relacionarnos con otros.

3 Según Fray Martínez, la identidad se basa en conceptos que...

☐ **A** proveen información genética.
B ayudan a crear vínculos con otros.
C suponen un nexo familiar.

4 Fray Martínez dice que él es psicólogo y...

☐ **A** profesor de Universidad.
B sociólogo clínico.
C estudiante de filosofía.

5 De acuerdo con Fray Martínez, la identidad es algo que...

☐ **A** nosotros creamos y la sociedad confirma.
B la sociedad impone y nosotros aceptamos.
C cada persona intenta cambiar y modificar.

6 ¿Qué significado tiene en el video la palabra "transaccionar"?

☐ **A** Encontrar a alguien semejante y compartir.
B Cambiar unos productos por otros.
C Buscar las diferencias entre personas desconocidas.

7 Este video está dirigido a...

☐ **A** personas interesadas en el tema de la identidad.
B especialistas en psicología social.
C gente con problemas de identidad.

Texto C: Identidades sociales y liderazgo (Cris Bravo, de Costa Rica)

Vas a ver un video sobre las identidades sociales y el liderazgo. Completa los espacios en blanco.

Preguntas de comprensión

1 Las identidades sociales son posiciones sociales que van desde el privilegio hasta ______________________.

2 Las identidades sociales son características nuestras o no ______________________.

3 Cuando entramos a una reunión ______________________ nuestra identidad social.

4 No se trata de encasillar a la gente, se trata de ______________________ sociales.

5 Las identidades sociales más comunes son ______________________.

6 Como líderes debemos acortar la distancia entre ______________________.

7 Podemos acortar espacios ______________________ y de la confianza.

8 La autoridad es muy importante cuando la identidad social del equipo es ______________________ a la nuestra.

9 No es buena idea usar la autoridad como método para movilización de los seguidores cuando la identidad es diametralmente ______________________.

10 Lo más importante es la creación de ______________________.

> **Consejos para el examen**
>
> Para este tipo de actividades (completar los espacios con información del texto) debe prestarse atención al comienzo del enunciado para poder completar la oración. No se aconseja utilizar más de cinco palabras, por lo que en ocasiones es necesario seleccionar la información para no aportar datos irrelevantes.

Texto D: Identidades étnicas. Debate grupal Huilliche (Grupo indígena de Chile)

Vas a ver un video sobre las identidades étnicas. Elige las cinco frases verdaderas y escribe las letras de la opciones correctas en las casillas en blanco.

Preguntas de comprensión

☐ ☐ ☐ ☐ ☐

A Los indios han absorbido la cultura occidental.
B El indio se avergüenza por ser indio.
C Toda la vida el indígena ha estado sometido a una serie de cosas negativas.
D Los programas de educación intercultural y de salud han ayudado a los indios a valorarse.
E La fuerza de la sangre indígena e indómita es el poder de nuestros espíritus y nuestros antepasados.
F Es fácil reconocerse y quererse indígena por haber sido desposeído y marginalizado.
G Los techos de las casas son de paja como dicen los libros de educación.
H El indio es el dueño de la tierra, de la casa.
I Los indios tienen la sangre y piensan como indígenas.
J Perdimos la forma de pensar como los indígenas.

Texto E: Construcción de la identidad (Argentina) educatina.com

Vas a ver un video. Contesta las siguientes preguntas de acuerdo con el video sobre la construcción de la identidad.

Preguntas de comprensión

1 ¿Cómo se crea la identidad?

2 ¿Cuál es el momento más importante de esa creación de identidad?

3 Identifica los seis tipos de identidad en el orden que se mencionan en el video. Después escribe la definición para cada uno.

4 ¿En qué consiste la teoría del espejo, que mencionan en el video? Resúmelo con tus propias palabras

5 ¿Según el video, en qué época de la vida se intenta modificar la identidad?

6 ¿Cómo se modifica la identidad?

7 ¿Se termina de crear la identidad al terminar la adolescencia?

Para ir más lejos

Te pueden interesar los siguientes videos, algunos solo con texto:

La identidad personal, su proceso de construcción:

Crisis de identidad:

Robo de identidad en redes sociales (México):

Ley de identidad de género Argentina:

CAS y lengua B

En grupos, pueden organizar un debate en el instituto sobre la identidad y sus características invitando a miembros de la comunidad local que representen distintas identidades.

En grupos organicen un concurso de historias, cuentos o videos, presentando historias personales diversas sobre la identidad y sus posibles cambios.

Práctica de comprensión de lectura (Prueba 2)

Texto literario: Mi país inventado NS

Lee el siguiente texto de Isabel Allende.

Mi país inventado

Nostalgia… según el diccionario es «la pena de verse ausente de la patria, la melancolía provocada por el recuerdo de una dicha perdida». La pregunta me cortó el aire, porque hasta ese instante no me había dado cuenta de que escribo como un ejercicio constante de añoranza. He sido forastera durante casi toda mi vida, condición que acepto porque no me queda alternativa. Varias veces me he visto forzada a partir, rompiendo ataduras y dejando todo atrás, para comenzar de nuevo en otra parte; he sido peregrina por más caminos **de los que puedo** recordar. De tanto despedirme **se me secaron** las raíces y debí generar otras que, a falta de un lugar geográfico donde afincarse, **lo han hecho** en la memoria; pero ¡cuidado!, la memoria es un laberinto donde acechan minotauros.

(…)

Si me hubieran preguntado hace poco de dónde soy, habría replicado, sin pensarlo mucho, que de ninguna parte, o latinoamericana, o tal vez chilena de corazón. Hoy,
(a) ______________________, digo que soy americana,
(b) ______________________ porque así lo atestigua mi pasaporte, o
(c) ______________________ esa palabra incluye a América de norte a sur, o porque
mi marido, mi hijo, mis nietos, la mayoría de mis amigos, mis libros y mi casa están en el norte de California (…) Esta tragedia me ha confrontado con mi sentido de identidad; me doy cuenta de que hoy soy una más dentro de la variopinta población norteamericana, tanto como antes fui chilena.

Isabel Allende 2003

Preguntas de comprensión

1 Basándote en el primer párrafo, elige las dos palabras que demuestran que la autora ha vivido lejos de su país.

______________________ ______________________

2 Basándote en el primer párrafo, encuentra las expresiones que significan...

a dejar sin respiración ______________________

b cortar con el pasado ______________________

c perder los orígenes ______________________

3 Basándote en el primer párrafo, completa el cuadro siguiente, indicando a qué se refieren las palabras en **negrita** en el texto.

En las expresiones…	la(s) palabra(s)…	se refiere(n)…
de los que puedo recordar	los	
se me secaron	se	
lo han hecho	lo	

Enfoques de aprendizaje

Habilidades sociales, de comunicación y de investigación

En grupos, se preparan una serie de textos sobre los distintos tipos de identidad posibles y se analizan las implicaciones que pueden suponer para los individuos.

Se comparan los resultados con las experiencias personales de cada estudiante en la medida en que deseen compartir sus propias vivencias.

Punto de información

Isabel Allende es una escritora chilena aunque nació en Lima en 1942. Ha trabajado como periodista y escritora desde que tenía 17 años. Es autora de *La casa de los espíritus*, novela perteneciente al realismo mágico, que le dio fama universal. También ha escrito otras novelas exitosas además de cuentos, relatos y autobiografías noveladas.

4 Basándote en el segundo párrafo, escoge las palabras de la casilla e insértalas en los tres espacios en blanco en el texto.

a pesar de que	sin embargo	sino que	no solo	por eso	porque	cuando

5 Basándote en el segundo párrafo, responde a las siguientes preguntas.

a ¿De dónde se siente la autora?

____

b ¿Cómo ha evolucionado su sentido de la identidad?

____

Práctica de expresión escrita (Prueba 1)

TDC

¿Hasta qué punto nuestra identidad puede modificarse a lo largo de nuestra vida?

¿Es posible mantener una identidad toda la vida, o hay que modificarla y adaptarse a posibles cambios?

250–400 palabras NM

450–600 palabras NS

Probablemente durante tu vida has vivido y viajado por diferentes países y has experimentado diferentes culturas. Esto ha servido para cambiar y desarrollar tu identidad. Escribe un texto en el que describas tus experiencias y opines como estas han contribuido al desarrollo de tu identidad. Elige entre las opciones dadas un tipo de texto apropiado para la tarea.

Carta a una publicación	Reseña	Blog

Antes de elegir el formato, ten en cuenta:

- cuál es más adecuado para la tarea
- cuál es el contexto
- cuál es el propósito del texto
- quién es el receptor
- cómo deben ser el tono y el registro

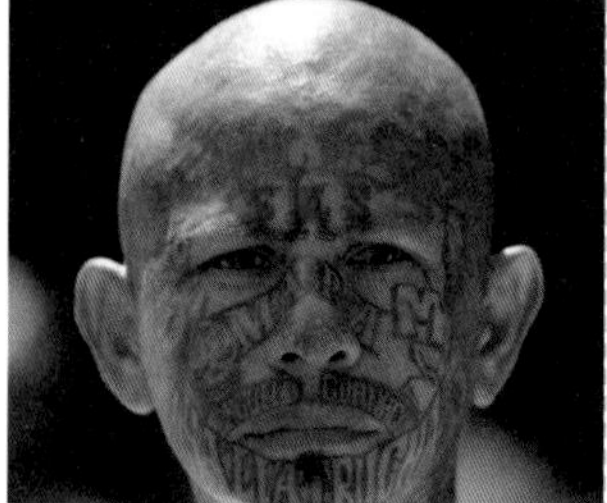

Preparación para el oral individual (evaluación interna)

NM

Descripción de imágenes

Después de observar las cuatro fotos a la izquierda, analiza las características que identifican a cada grupo de personas y explica qué te sugiere a ti cada foto. Intenta descubrir a qué país corresponde cada una de las fotos e indaga todo lo que puedas sobre lo que representan las imágenes en cada país y cultura.

Oral individual (evaluación interna)

NM

Descripción de un estímulo visual

Contextualizar dentro del área temática al que pertenezca

Tiempo de preparación: 15 minutos

Elige dos de estas fotografías y descríbelas. Ten en cuenta lo siguiente: ¿Qué es importante? ¿Quiénes están? ¿Dónde están? ¿Qué sacas en conclusión?

Explica el contenido de las fotografías en el contexto de cómo se presentan las diferentes formas de identidad.

Indica tus opiniones ilustrándolas con ejemplos y justificándolas.

Actividad 3: Identidad en las redes sociales

Observa los siguientes dibujos tomados de distintas campañas acerca de la importancia de conocer con quienes hablamos a través de las redes sociales y sobre la posibilidad del robo de identidad.

Robo de identidad TIPS PREVENTIVOS

1: No entregues ningún tipo de documento personal a desconocidos.

2: Si te es robada la IFE o cualquier documento oficial, de inmediato da aviso a la autoridad emisora para su cancelación

3: No confíes en personas que vengan haciendo una promoción a domicilio.

4: Si deseas obtener una tarjeta de crédito no aceptes ningún tramite de las personas que ofrecen sus servicios a tu puerta

5: Verifica constantemente tu correspondencia en el buzón para que nadie pueda hacer mal uso de tu información

6: Si utilizas los servicios de alguna institución bancaria y no te llegan tus estados de cuenta, verifica por qué no te los envían

Busca el significado de las siguientes palabras y expresiones que aparecen en los dibujos eligiendo la opción correcta.

1 tomar medidas:

☐

A buscar soluciones
B prevenir
C medir la longitud

2 hacerse pasar por alguien:

☐

A suplantar la personalidad
B dejar entrar a una persona
C permitir el paso a una persona

Enfoques de aprendizaje

Actividades sociales y de comunicación

Después de leer y comentar el contenido de estos dibujos, la clase se divide en grupos.

Cada grupo diseñará un póster o cartel eligiendo un aspecto diferente de la identidad virtual.

3 robar:

☐ **A** pedir algo prestado a alguien
B apropiarse de algo que no es suyo
C tomar prestado algo de alguien

4 confiar(se):

☐ **A** creer en alguien, fiarse
B recelar de alguien
C pensar bien de alguien

5 verificar:

☐ **A** decir la verdad
B comprobar que algo es verdad
C saber lo que no es verdad

Gramática en contexto

El imperativo

El imperativo es un modo verbal que sirve para dar órdenes, mandatos, ruegos o peticiones.

Infinitivo	**Imperativo**	**Imperativo negativo**
hablar	habla (tú) hable (usted) hablemos (nosotros) hablen (ustedes)	no hables no hable no hablemos no hablen
comer	come (tú) coma (usted) comamos (nosotros) coman (ustedes)	no comas no coma no comamos no coman
dormir	duerme (tú) duerma (usted) durmamos (nosotros) duerman (ustedes)	no duermas no duerma no durmamos no duerman
tener	ten (tú) tenga (usted) tengamos (nosotros) tengan (ustedes)	no tengas no tenga no tengamos no tengan

En el folleto *Robo de identidad tips preventivos* aparecen las formas siguientes:

- No entregues • No te confíes • No aceptes • Verifica • Da (aviso)
- Fijándote en las formas propuestas en la tabla, convierte las estructuras en su opuesto (afirmativo o negativo).

Ej: *No entregues*	*Entrega*
No te confíes	
No aceptes	
Verifica	
Da (aviso)	

Práctica de expresión escrita (Prueba 1)

250–400 palabras NM

450–600 palabras NS

Eres el presidente del Consejo Estudiantil de tu instituto y, con motivo de la semana de "Identidad y confianza en sí mismo", quieres advertir a tus compañeros sobre los peligros y tentaciones a los que están expuestos en la era de la tecnología.

Escribe un texto en el que describas los retos a los que nos enfrentamos, expliques cómo actuar con responsabilidad y des consejos sobre cómo mantener la identidad personal a toda costa. Elige entre las opciones dadas un tipo de texto apropiado para la tarea.

Manual de instrucciones	Diario	Artículo

Antes de elegir el formato, ten en cuenta:

- cuál es más adecuado para la tarea
- cuál es el contexto
- cuál es el propósito del texto
- quién es el receptor
- cómo deben ser el tono y el registro

Para ir más lejos

Después de estudiar sobre la identidad, escribe sobre aquellos puntos que consideras más importantes y que confirman o niegan tus ideas previas, según lo expresaste en la Actividad 1..

1.2 LENGUA E IDENTIDAD

Para empezar

Actividad 1: ¿Cómo influye la lengua en la identidad?

1 ¿Consideras que la lengua es parte de tu identidad? Explica tus razones.

2 ¿Crees que tienes la misma identidad que todos los compañeros de tu instituto que hablan la misma lengua que tú?

3 ¿Puedes identificarte con compañeros que hablen otra lengua? Explícalo.

4 ¿En qué momento o situación crees que la lengua se convierte en una parte importante de tu identidad?

5 ¿Puedes considerar tu identidad monolingüe o plurilingüe? Explica tu respuesta.

Enfoques de aprendizaje

Habilidades de investigación, sociales y de comunicación

En grupos, busquen información sobre la importancia de la lengua en la identidad.

Compartan sus hallazgos y discutan con los compañeros hasta qué punto la lengua puede identificarnos y también separarnos.

Consideren si es posible transformar su identidad en una plurilingüe.

6 ¿Hasta qué punto puede tener implicaciones el pasar de una identidad monolingüe a otra plurilingüe?

____

____

Práctica de comprensión de lectura (Prueba 2)

Texto A: Lenguas habladas en España

El latín llegó a la Península Ibérica en el año 280 A.C. entonces llamada provincia de Hispania; así, bajo el dominio del Imperio Romano, el latín vulgar utilizado por los soldados imperiales, se difundió rápidamente hasta que se convirtió en la lengua común para los diversos pueblos ibéricos. El tiempo transcurrió y con la caída del Imperio Romano las lenguas se diversificaron.

Entre los siglos IX y XII surgió una serie de lenguas modernas derivadas del latín (a las que se denomina romances), producto de la mezcla de este con las lenguas propias de cada región peninsular. De este modo nacieron, entre otros, el galaico-portugués, el leonés, el castellano, el navarro-aragonés, el catalán y el mozárabe.

Patrimonio: conjunto de bienes culturales

El castellano es la lengua oficial del Estado español. Sin embargo no es la única lengua oficial española; en la actualidad existen otras lenguas españolas que constituyen un patrimonio lingüístico singularmente rico.

La Constitución Española reconoce el derecho de las Comunidades Autónomas de usar sus propias lenguas. Las lenguas españolas oficialmente reconocidas por los Estatutos de las Comunidades Autónomas son: el euskera o vascuence (País Vasco y Navarra), gallego (Galicia), catalán (Cataluña, Islas Baleares y Comunidad Valenciana, donde la variedad de catalán recibe el nombre de valenciano, mallorquín y otros según el lugar) y el castellano o español que se habla en todas las Comunidades Autónomas.

Otros Estatutos dan especial protección a las siguientes lenguas españolas: el bable en Asturias y la diversidad lingüística de Aragón (fablas aragonesas).

El idioma español, o castellano, es una lengua romance del grupo ibérico. Es uno de los seis idiomas oficiales de la Organización de las Naciones Unidas.

El español es la segunda lengua más hablada del mundo por el número de hablantes como lengua materna tras el chino mandarín. Lo hablan como primera y segunda lengua entre 450 y 500 millones de personas. Es el tercer idioma más hablado contando a los que lo hablan como primera y segunda lengua. Además, el español es el segundo idioma más estudiado en el mundo.

Enfoques de aprendizaje

Habilidades de investigación y comunicación

Mira un mapa político de España e identifica las diferentes Comunidades Autónomas.

Después descubre cuántas regiones bilingües puedes identificar y qué lenguas se hablan en cada una de ellas. Comparte tus hallazgos y compara con tus compañeros.

Preguntas de comprensión

1 Basándote en los párrafos 1 y 2 del texto, busca las palabras que significan:

a popular, del pueblo ______________________

b se expandió ______________________

c se transformó ______________________

d se diferenciaron ______________________

2 ¿Cómo se llamaba la España actual en la época del Imperio Romano?

____

3 En el proceso de transformación del latín al romance, ¿qué seis lenguas surgieron?

____

____

4 Basándote en los párrafos 2, 3 y 4, decide si los enunciados son verdaderos (V) o falsos (F) y justifica tu respuesta con elementos del texto.

a El castellano es producto de la mezcla de las lenguas ibéricas. **V** ☐ **F** ☐

Justificación ____

____

b La Constitución española contempla cuatro lenguas oficiales. **V** ☐ **F** ☐

Justificación ____

____

c El valenciano puede considerarse un dialecto del catalán. **V** ☐ **F** ☐

Justificación ____

____

5 Basándote en el párrafo 7, completa las siguientes oraciones con palabras del texto.

a El español como lengua materna ______________________ .

b Es el tercer idioma ______________________ .

c Es el segundo idioma ______________________ .

Actividad 2: Conflicto lingüístico (texto informativo preparatorio para la comprensión de lectura)

La convivencia de varias lenguas en un estado es un hecho bastante común; hay muy pocos países que sean puramente monolingües.

Se conoce como bilingüismo al uso habitual de dos lenguas en un mismo territorio; en algunos casos cada lengua ocupa una determinada área geográfica del país, pero en otros las dos lenguas comparten la misma zona y es entonces cuando ocurre la convivencia de las dos lenguas, o sea el bilingüismo. Ahora bien, es muy difícil que las dos lenguas gocen del mismo prestigio social o número de hablantes, es decir, que las dos lenguas se utilicen indistintamente en los medios de comunicación, en la administración, en la enseñanza, el comercio u otras situaciones de carácter formal: entonces ocurre lo que se denomina "conflicto lingüístico".

Cuando conviven dos lenguas, una de ellas va a ser la lengua dominante y la otra, que queda relegada a ámbitos familiares o sociales, será la lengua minoritaria. Es posible incluso que la lengua minoritaria termine desapareciendo.

Cuando en una zona bilingüe, la mayoría prefiere el uso de una lengua en detrimento de la otra según que situaciones, se produce una situación de diglosia. Existe diglosia siempre que no haya equilibrio en el uso de las dos lenguas.

V

Convivencia: acción de vivir juntos, compartir un territorio o coexistir

Gozar: tener o poseer una cosa buena

Ámbito: espacio dentro de unos límites

1 ¿Qué se entiende por conflicto lingüístico?

2 ¿A qué se llama lengua dominante?

3 ¿A qué se llama lengua minoritaria?

4 ¿Qué diferencias existen entre bilingüismo y diglosia?

Práctica de comprensión de lectura (Prueba 2)

Texto B: La importancia de las lenguas indígenas en América Latina

Enfoques de aprendizaje

Habilidades de investigación

El texto B contiene información sobre algunas lenguas indígenas habladas en América Latina: náhuatl, quechua, aymara, guaraní y araucano o mapuche.

Busca información sobre:

- ¿En qué países actuales se hablan estas lenguas?
- ¿Cuántos hablantes tiene cada una?

Cuando los conquistadores españoles llegaron a las Américas, su lengua, el castellano, dominó e influyó en los idiomas indígenas que allí se hablaban. Muchas de estas lenguas desaparecieron, pero algunas de las que sobrevivieron todavía tienen importancia hoy: el náhuatl, el quechua, el araucano, el guaraní y el aymara entre otras.

¿Pero cómo conviven o subsisten con el español? Todas ellas tienen una relación distinta con el castellano en términos de conflicto lingüístico, cultura, influjo de la lengua, influencia sobre la lengua y la población de hablantes.

Conflicto lingüístico

Pueden verse varios casos de conflicto lingüístico entre el español y las lenguas indígenas. El idioma que tiene menos conflicto es el guaraní; prácticamente toda la población de Paraguay habla el guaraní y el español igualmente bien **por lo tanto** podría considerarse un caso de bilingüismo puro. El quechua, la lengua nativa más extendida en el continente, y el náhuatl se siguen usando tanto en Perú como en Mèxico, pero el español es la lengua dominante en estos países **a pesar de que** todavía hay hablantes que las tienen como lenguas maternas. **Por el contrario**, en los casos del araucano y del aymara hay tanta diglosia que las lenguas están al borde del peligro de extinción.

Cultura

Culturalmente, todas las lenguas indígenas tienen importancia gracias a las palabras únicas y exclusivas de su propia región. **Así,** muchos nombres de la flora y la fauna en Chile y Argentina son en araucano, en Perú las profecías católicas son en quechua, las canciones y la literatura de Paraguay son en guaraní, y los nombres de comida de Bolivia son en aymara. El náhuatl se usa menos culturalmente porque muchos nahuas viven en los Estados Unidos, pero la lengua todavía es importante para las palabras del sector agrario en México.

Influjo sobre la lengua castellana

Otro aspecto de la importancia de las lenguas indígenas es su influjo sobre el castellano. **Por ejemplo**, la palabra "jaguar" viene del guaraní, y la palabra "wallake", plato típico de Bolivia, viene del aymara. La lengua que más influyó al español y también a otras lenguas del mundo es el náhuatl. **Efectivamente**, las palabras "maíz", "tomate", y "chocolate" y otros nombres de productos agrícolas vienen del náhuatl y se propagaron **ya que** los españoles llevaron estos productos a Europa. Este influjo aumenta la posibilidad de la supervivencia de estas lenguas e impide la obsolescencia.

Influencia del castellano

Sin embargo, el español ha influido en estas lenguas también. **Aunque** los acentos indígenas son diferentes del acento del español y tienen letras o vocales adicionales, sus alfabetos son latinos como el alfabeto castellano. El quechua toma prestadas palabras del español ya que no tiene preposiciones, género **ni tampoco** artículos. En el caso del aymara **especialmente**, hay un préstamo de palabras tecnológicas. La lengua no evolucionó, por eso no hay palabras como "teléfono", y estas se toman del castellano.

Población de hablantes

Algunas de las lenguas indígenas no van a sobrevivir a causa del decrecimiento en el número de hablantes. El guaraní sigue siendo transmitido por generaciones **porque** es una lengua que toda la población habla. El náhuatl sigue siendo utilizado porque, aunque hay varios dialectos, se habla en todas las partes de México. El quechua y posiblemente el aymara pueden sobrevivir porque son lenguas reconocidas oficialmente por la ley. Sin embargo, en el caso del araucano, muchos de los hablantes están mudándose a la ciudad, donde se habla más el castellano. Paradójicamente, aunque la población araucana está creciendo, el número de los que lo habla va a decrecer y va a convertirse en una lengua en peligro.

En conclusión, estos cinco aspectos determinan el nivel de importancia de cada lengua: como convive ahora con el castellano y si sobrevivirá en el futuro. En términos de convivencia, el guaraní es la lengua con el prestigio social más similar al del castellano, luego el quechua, el náhuatl, y el aymara, y **finalmente** el araucano, que es completamente dominado por el español. Esto significa que el guaraní, el náhuatl, y el quechua, gracias a su uso frecuente, sobrevivirán, pero hay peligro de extinción del aymara y especialmente del araucano.

Preguntas de comprensión

1 Basándote en el texto B, completa las actividades que vienen a continuación.

a ¿Cómo es la relación del quechua con el castellano?

____

____

____

b ¿Cómo es el influjo náhuatl-castellano?

____

____

____

Consejos para el examen

Cuando se indica que contestes con tus propias palabras quiere decir que no es necesario utilizar literalmente lo expuesto en el texto, pero sí ser fieles a la información. Para responder a este tipo de preguntas, deben relacionarse las palabras "clave" para poder encontrar la información en el lugar apropiado del texto. Por ejemplo en la pregunta 2 las palabras claves serían "influjo" y "náhuatl". Se recomienda ser preciso en la respuesta y no incluir información irrelevante.

c ¿Cómo es la relación cultural entre el guaraní y el castellano?

d ¿Cómo es la influencia entre castellano y aymara?

e Explica el aumento de la población araucana y el impacto en la lengua.

Gramática en contexto

Conectores

Los conectores o figuras de cohesión son palabras o grupos de palabras (preposiciones, conjunciones, adverbios, expresiones adverbiales) que sirven para, como su nombre indica, conectar las distintas partes de un texto. Según su función lingüística pueden clasificarse:

Para ordenar secuencias

• primero • para empezar • a continuación • seguidamente • finalmente

Para exponer argumentos

• de hecho • debido a que • asimismo • ciertamente • sin duda alguna

Para contraponer opiniones o afirmaciones

• sin embargo • ahora bien • sino que • aun así • por otra parte

Para añadir puntos de vista

• además • de todas maneras • con lo que • incluso • por añadidura

Para sacar conclusiones

• por lo tanto • así que • por eso • en cualquier caso • total que • en conclusión

2 En el texto B, fíjate en las palabras escritas **en negrita**. Basándote en los diferentes tipos de conectores, identifícalos y explica su función lingüística.

Ej: ***Por lo tanto*** *sirve para sacar conclusiones.*

Para ir más lejos

En el texto B se menciona el fenómeno de la desaparición o extinción de las lenguas. Investiga cuál es la situación de otras lenguas habladas en América Latina.

1 ¿Cuáles son los factores que influyen en la desaparición de una lengua hablada?

____

____

2 ¿Cómo se puede evitar este fenómeno?

____

____

TDC

¿Conoces alguna(s) lengua(s) que puedan desaparecer?

¿Hasta qué punto la desaparición de una lengua tiene implicaciones en nuestro conocimiento?

Práctica para la Prueba 1

Uso de registro

Ahora, como un ejercicio de práctica para la prueba 1, escribe 450–600 (NS) o 250–400 (NM) palabras para explicar la influencia que la lengua tiene en tu identidad, pero teniendo en cuenta la audiencia a la que va a ir dirigido este texto.

- Primero escribe un diario en el que la audiencia eres tú mismo (registro informal y tono íntimo).
- Después escribe un artículo para la revista del instituto, en el que la audiencia son tus compañeros (registro semi-formal o informal).
- Por último, escribe un ensayo en el que propongas tus teorías sobre la influencia de la lengua en la identidad; en este caso, la audiencia es un grupo de personas desconocidas (registro formal).

Práctica de expresión escrita (Prueba 1)

250–400 palabras NM

450–600 palabras NS

Un amigo tuyo se fue a estudiar al extranjero en una lengua desconocida y tuvo una experiencia desagradable. En el instituto al que asistió, no recibió ningún tipo de ayuda con la lengua que no dominaba y le resultó muy difícil hacer amigos, pues le consideraban extraño y diferente.

Escribe un texto en el que describas qué le pasó, sugieras soluciones a esa situación y expliques por qué es necesario pensar en estudiantes que no dominan la lengua de comunicación del instituto o colegio. Elige entre las opciones dadas un tipo de texto apropiado para la tarea.

Artículo	Reseña	Discurso

Antes de elegir el formato, ten en cuenta:

- cuál es más adecuado para la tarea
- cúal es el contexto
- cuál es el propósito del texto
- quién es el receptor
- cómo deben ser el tono y el registro

1.3 ESTILOS DE VIDA

Para empezar

Actividad 1: ¿Qué son los estilos de vida?

1 ¿Cómo definirías el estilo de vida?

2 ¿Qué factores intervienen para configurar un estilo de vida?

3 La Organización Mundial de la Salud (OMS) define el estilo de vida como "la percepción que un individuo tiene de su lugar en la existencia, en el contexto de la cultura y del sistema de valores en los que vive y en relación con sus objetivos, sus expectativas, sus normas, sus inquietudes". ¿Estás de acuerdo con esta definición? Razónalo y explícalo.

4 Basándote en la definición de la OMS, explica tu estilo de vida.

a ¿Cómo te comportas cotidianamente?

b ¿Qué hábitos o conductas desarrollas?

c ¿Cuáles son tus expectativas?

d ¿Y tus inquietudes?

e ¿Crees que tienes buena calidad de vida?

Práctica de comprensión de lectura (Prueba 2)

Texto A: Mi estilo de vida es...

Siempre que miramos a nuestra familia, nuestros amigos o compañeros podemos observar que hay aspectos demográficos que compartimos, por ejemplo la nacionalidad, el rango de edad, el sexo, el nivel socioeconómico o la educación académica. Sin embargo, esta semejanza demográfica no significa que pensemos de la misma manera o que llevemos el mismo estilo de vida.

El estilo de vida puede definirse como un conjunto de comportamientos y actitudes que determinan la manera de vivir de las personas. Cuando definimos un estilo de vida podemos segmentar o agrupar a esas personas según se comportan independientemente de sus características demográficas.

Gracias a la identificación de estos distintos estilos de vida, podemos encontrar muchas actividades, productos específicos o incluso medios de comunicación que van destinados especialmente a estos grupos que comparten un estilo de vida.

Al mencionar algunos estilos de vida podemos incluir un amplio rango: desde los más tradicionales a los más extremistas pasando por los adictivos.

Seguidamente ofrecemos las características principales de algunos de ellos:

HOGAREÑOS, el estilo de vida tradicional

Como indica su nombre, les gusta la vida de hogar, disfrutan recibiendo gente en su casa por lo que son buenos anfitriones. Se preocupan por su salud y los alimentos que consumen y además les encanta cocinar. Generalmente las actividades que llevan a cabo están enfocadas a la mejora del hogar: se preocupan por la decoración y también les interesan las clases de cocina. Para ellos la radio y la publicidad a domicilio son buenas fuentes de información para tomar una decisión sobre la compra de productos del hogar y alimentos. En este grupo se puede incluir una mayoría de mujeres, suelen tener más de 35 años y en general están casados o divorciados.

EXTREMISTAS, estilo de vida aventurero

Les gusta el riesgo y quieren emprender una vida llena de aventuras. En su comportamiento son impulsivos, también en sus compras: les gusta ser los primeros en probar productos nuevos. Suelen ser muy activos y siempre están realizando diversas actividades como ir al cine o al teatro, practicar deportes, en muchos casos de riesgo, o ir a restaurantes y bares de moda. En su mayoría son adolescentes y jóvenes y muchos consumen bebidas energizantes. En lo que se refiere a sus gustos, ven programas deportivos además de películas de terror y de intriga.

ADICTOS AL TRABAJO, ¿Qué puede ser más importante?

Conocidos como "workaholics", para ellos es más importante cumplir con el deber laboral que disfrutar la vida. Suelen tener seguro de vida y pagan con tarjetas de crédito. Para poder tomar decisiones se basan mucho en la experiencia previa sobre temas financieros y de seguros. Para sus amigos sirven de referencia obligada en estos temas. Muchos de ellos compraron su primer automóvil, viajaron por primera vez al extranjero o se casaron hace poco tiempo. Ese estilo de vida tan agitado no les permite hacer ejercicio o alimentarse de manera saludable aunque intentan cuidar lo que comen. Además, son propensos a padecer insomnio, sufren problemas estomacales o del corazón. Aunque cualquier persona puede pertenecer a esta categoría, hay más hombres workaholicos que mujeres.

Hay muchos más estilos de vida muy interesantes para analizar, y teniendo en cuenta que "cada cabeza es un mundo", habrá muchas personas que tengan muchos matices de diferentes estilos.

Preguntas de comprensión

1 Basándote en la introducción, completa las oraciones eligiendo las palabras según la información del texto:

a Compartir ciertos aspectos demográficos no significa ______

______

b Definir un estilo de vida permite ______

______

c Debido a la identificación de los estilos de vida, pueden encontrarse ______

______

2 Basándote en el estilo "Hogareños", busca las palabras o expresiones que significan:

a persona que recibe a sus invitados ______

b realizar una acción ______

c cambio o modificación ______

d casa, lugar para vivir ______

e serie de anuncios ______

3 Basándote en el estilo "Extremistas", elige TRES adjetivos que los definan:

______ ______ ______

4 Basándote en el estilo "Adictos al trabajo", responde a lo siguiente:

a ¿Qué expresión indica que la obligación es lo más importante?

______

b ¿En qué se basan antes de tomar una decisión?

______

c ¿Por qué no llevan un estilo de vida saludable?

______

d ¿Qué trastornos físicos los caracterizan?

______

5 Finalmente, explica el significado de la frase "cada cabeza es un mundo".

______

______

______

Consejos para el examen

En las actividades donde se pide encontrar sinónimos es importante tener en cuenta si las palabras que aparecen en la lista son verbos, sustantivos, adjetivos o adverbios pues su sinónimo siempre pertenecerá a la misma categoría. "Persona", "cambio", "casa" y "serie" son sustantivos y "realizar" es un verbo, por lo cual deben elegirse estas partes de la oración para encontrar la respuesta.

Enfoques de aprendizaje

Habilidades de comunicación y colaboración sociales

Después de leer el texto A señala con cual estilo de vida te identificas mejor. Recuerda que puedes identificarte con los rasgos presentados en más de un solo estilo.

Busca ejemplos de otros estilos de vida y explica sus características.

Finalmente, en grupos, comparte tus opiniones y debátelas.

Actividad 2: Estilo de vida saludable

1 Empareja las palabras (1–10) con sus definiciones (a–j). Escribe la letra correcta en la columna del medio.

1 dieta equilibrada		**a** cuidados de limpieza y aseo del cuerpo
2 adelgazar		**b** falta de ejercicio físico
3 engordar		**c** estado físico y mental de tranquilidad
4 hacer ejercicio		**d** perder peso
5 ocio		**e** estado de agitación o intranquilidad
6 relajación		**f** falta de sueño
7 higiene personal		**g** sistema de alimentación que incluye todos los nutrientes
8 estrés		**h** ganar peso
9 insomnio		**i** actividades de tiempo libre
10 sedentarismo		**j** realizar actividades físicas

2 ¿Qué ideas asociamos con un estilo de vida sano? Mira las imágenes e identifica las que puedas. Después, organízalas en categorías: "Estilo de vida saludable" o "Estilo de vida sedentario". Puedes añadir otras actividades en las dos categorías para completar la tabla.

Estilo de vida saludable	Estilo de vida sedentario

Dentro de los modos de vida que pueden afectar la salud y bienestar, además de la calidad de vida de los individuos se hallan los siguientes:

- mala alimentación
- manipulación incorrecta de los alimentos
- falta de sueño (insomnio)
- falta de ejercicio (permanecer inactivo por mucho tiempo)
- carencia de vida social
- polución ambiental
- ansiedad, tensión y estrés
- insalubridad personal (falta de higiene)
- uso de drogas, tabaco, alcohol y otras substancias dañinas
- falta de pasatiempos o actividades de ocio

Enfoques de aprendizaje

Habilidades de comunicación y colaboración sociales

Después de completar y leer las dos listas que incluyen factores que afectan y promueven la salud, reflexiona sobre lo siguiente: ¿Por qué es importante marcarse objetivos para llevar un estilo de vida saludable? ¿Qué se siente cuando se han cumplido esos objetivos? ¿Y cuando se fracasa en el intento? ¿Piensas que es difícil seguir instrucciones?

Comparte tus reflexiones con tus compañeros.

3 Mira la lista y señala cuáles de estos factores que afectan a la salud sigues en tu vida diaria y cuáles no. Después ordénalos según los consideres más o menos peligrosos. Discute los resultados con un compañero.

- ______________________ • ______________________
- ______________________ • ______________________
- ______________________ • ______________________
- ______________________ • ______________________

4 A continuación, escribe una lista de factores que promueven la buena salud y una buena calidad de vida.

____

____

____

____

____

Práctica de comprensión de lectura (Prueba 2)

Texto B: Los estilos de vida que nos hacen más felices

Las acciones que realizamos a diario, las costumbres que tenemos y las normas que seguimos están estrechamente relacionadas con nuestra salud física y mental. Esto indica que nuestros estilos de vida sirven para determinar tanto nuestro bienestar como nuestra felicidad.

Conocemos hábitos que contribuyen a nuestro bienestar como practicar deportes, comer bien, tener tiempo para actividades de ocio, relajarse y muchos otros. Pero ¿cuáles estilos de vida contribuyen a nuestra felicidad? A continuación explicamos algunos.

1 Atención plena o *Mindfulness*

La atención plena, más conocida por su expresión en inglés, *Mindfulness*, es una enseñanza filosófica oriental que proviene del Budismo, y que se ha popularizado en la civilización occidental gracias a sus beneficios para la salud emocional y general. Esta popularidad se debe a Jon Kabat-Zinn, creador del programa de Reducción de Estrés basado en Mindfulness (MBSR). Tanto es el poder de la atención plena, que incluso muchos psicólogos la utilizan en sus clínicas para mejorar el bienestar de sus pacientes.

El *Mindfulness* consiste en dirigir la atención hacia uno mismo y observar las experiencias propias, internas y externas, sin juzgarlas, aceptándolas y de forma compasiva. Para lograrlo, recurre a técnicas de meditación, aunque también se sirve de otros ejercicios o actividades. La práctica de la atención plena permite aprender a gestionar las emociones, reacciones, actitudes y pensamientos, convirtiéndose en un método para afrontar las situaciones desagradables de una manera más saludable.

2 Dieta saludable

Existen algunas dietas que, aunque parezcan saludables porque hacen perder peso, no lo son en realidad. Para que una dieta sea saludable debe aportar los nutrientes necesarios para lograr el buen funcionamiento del organismo. Los alimentos que consumimos deben contener principios inmediatos, como hidratos de carbono, lípidos y proteínas, además de otros elementos como vitaminas, minerales, fibras o antioxidantes. Una dieta saludable nunca debe acompañarse por la obsesión de contar calorías.

Ahora bien, ninguna dieta debe realizarse durante un tiempo limitado, sino que debería convertirse en un estilo de vida, es decir, que es necesario ser constantes y llevar unos hábitos alimentarios sanos a lo largo del tiempo.

3 Dieta mediterránea

La cuenca del mar Mediterráneo, que baña el sur de Europa, el oriente próximo y el norte de África, es un lugar muy rico históricamente donde han vivido y se han desarrollado grandes civilizaciones. Su clima privilegiado y sus excelentes productos han dado origen a una dieta alimenticia muy saludable, conocida como "dieta mediterránea".

Diferentes estudios científicos afirman que esta dieta es muy beneficiosa para el corazón, ya que es equilibrada y sus componentes principales son frutas, hortalizas, pescado y carne; aunque es importante recordar que la mayor cantidad de calorías viene de alimentos ricos en hidratos de carbono como el pan o la pasta. Sin embargo, uno de los alimentos esenciales de esta dieta es el aceite de oliva, una importante fuente de grasas insaturadas, es decir, saludables.

La dieta mediterránea está considerada una de las más sanas porque la cantidad de comida a consumir no debe ser excesiva, y sugiere consumir los alimentos crudos y frescos o cocinados a la plancha o hervidos. Es decir, deben evitarse las frituras.

4 Estilo de vida activo y deportivo

Para llevar un estilo de vida que sea lo más saludable posible es necesario que la persona sea activa, es decir, que no sea sedentaria. En la actualidad, el ritmo de vida de la sociedad hace que muchas personas trabajen en una oficina u otros espacios cerrados, y cuando salen no realizan ningún tipo de deporte ni ejercicio físico. Este sedentarismo tiene serias consecuencias para su salud tanto física como emocional.

El estilo de vida activo debe incluir la práctica deportiva o el ejercicio físico al menos tres días a la semana. Lo ideal para mantenerse en forma, es realizar no solo ejercicios aeróbicos sino trabajos de fuerza. La dieta saludable unida a las actividades físicas debería estar en la agenda de todas las personas, de no ser así, lo sufren el cuerpo y la mente.

5 Desarrollo personal

Todos los ejemplos anteriores estaban en relación con el autocuidado, la alimentación y la actividad física, pero un estilo de vida que verdaderamente ayuda a las personas a ser muy felices es aquel en el que la persona busca su autorrealización y cada día trabaja para ello.

Para ayudar a las personas a ser más felices y vivir motivadas cada día es importante tener un objetivo de vida y llevar un plan de acción. Pero no debemos olvidar que la persona debe ser realista, entonces los objetivos marcados deben cumplirse paso a paso; por eso es necesario fijarse metas a corto, medio y largo plazo.

Preguntas de comprensión

1 ¿ Basándote en la introducción, ¿qué dos conceptos determinan un buen estilo de vida?

______________________ ______________________

2 Basándote en el apartado 1, identifica las tres ideas que aparecen en el texto y escribe las letras de la opciones correctas en las casillas en blanco.

☐ ☐ ☐

A La atención plena beneficia la salud emocional.
B El *Mindfulness* se utiliza de forma limitada.
C Los psicólogos rechazan esta enseñanza.
D El *Mindfulness* permite aceptarnos como somos.
E El *Mindfulness* permite enjuiciar tu comportamiento.
F Esta práctica permite afrontar las situaciones desagradables.

3 Basándote en los apartados 2 y 3, decide si estos enunciados son verdaderos o falsos y justifica tu respuesta con elementos del texto.

a Todas las dietas saludables favorecen la pérdida de peso. **V** ☐ **F** ☐

Justificación ____________________

____

b Una dieta saludable permite contar las calorías. **V** ☐ **F** ☐

Justificación ____________________

____

c La dieta saludable debe ser un estilo de vida a largo plazo. **V** ☐ **F** ☐

Justificación ____________________

____

d La dieta mediterránea favorece el buen funcionamiento cardiaco. **V** ☐ **F** ☐

Justificación ____________________

____

e El aporte calórico de esta dieta procede de los carbohidratos. **V** ☐ **F** ☐

Justificación ____________________

____

f En la dieta mediterránea dominan las frituras. **V** ☐ **F** ☐

Justificación ____________________

____

4 Basándote en el apartado 4, responde a las siguientes preguntas.

a ¿Qué palabra significa lo contrario de "activo"?

____

b ¿Qué consecuencias tiene llevar una vida sedentaria?

____

c ¿Con qué frecuencia debe practicarse el deporte?

____

d ¿Qué palabra indica el objeto donde se organizan y planean actividades?

____

5 Basándote en el apartado 5, haz dos listas.

Para el autocuidado	Para la autorrealización

6 Identifica la expresión de tiempo que aparece en el último párrafo y explícala.

Práctica de expresión escrita (Prueba 1)

250–400 palabras NM

450–600 palabras NS

Has observado que los jóvenes de tu generación no llevan un estilo de vida saludable y para ti es una situación preocupante. Escribe un texto donde tratas de persuadirlos y convencerlos de que deben cambiar su comportamiento y seguir los consejos que les propones. Elige entre las opciones dadas un tipo de texto apropiado para la tarea.

Cartel	Discurso	Artículo

Antes de elegir el formato, ten en cuenta:

- cuál es más adecuado para la tarea
- cuál es el contexto
- cuál es el propósito del texto
- quién es el receptor
- cómo deben ser el tono y el registro

Expresiones de frecuencia:

a menudo, de vez en cuando, a veces, frecuentemente, siempre, nunca

Oral (evaluación interna)

NM

Descripción de un estímulo visual

Contextualizar dentro del área temática al que pertenezca

Tiempo de preparación: 15 minutos

Describe estas fotografías: ¿Qué es importante? ¿Quiénes están? ¿Dónde están? ¿Qué sacas en conclusión?

Explica el contenido de las fotografías en el contexto de estilos de vida saludable.

Indica tus opiniones ilustrándolas con ejemplos y justificándolas.

1.4 CREENCIAS Y VALORES

Para empezar

Actividad 1: Las creencias y los valores

1 Explica con tus propias palabras:

a ¿Qué son las creencias?

____

b ¿Qué son los valores?

____

2 En la lista a continuación aparece una serie de verbos útiles para explorar y discutir el tema de creencias y valores.

creer	aceptar	dudar	tolerar
pensar	afirmar	considerar	rechazar
opinar	negar	contradecir	valorar
diferir			

Completa la tabla clasificando los verbos de la lista entre los que tengan significado **positivo** o **negativo**.

Significado positivo	Significado negativo

3 Ahora identifica cuáles de estos verbos son antónimos (opuestos) y escríbelos en la tabla.

Ej.: *afirmar*	*negar*

4 Escribe siete oraciones donde emplees algunas de las palabras propuestas.

____

____

____

____

____

____

____

Actividad 2: Creencias y valores

Las creencias determinan lo que vamos a dar por cierto y lo que vamos a dar por falso. Dependen de la información recibida desde muy pequeños y por lo mismo muchas veces reaccionamos inconscientemente de acuerdo con esas creencias. A veces nuestra aceptación o rechazo depende de una reacción instintiva y no de una realidad o verdad.

Todos tenemos nuestras creencias. Estudios psicológicos y sociológicos sugieren que las creencias se adoptan desde muy jóvenes y que son esas creencias las que van a determinar la forma en que vamos a vivir la vida. Algunas creencias son conscientes, pero una gran parte de ellas son inconscientes.

-Busca en un diccionario la definición de las siguientes palabras:

Creencia
Valor

-Anota todas las acepciones que encuentres en las definiciones.

-Escribe oraciones en las que utilices las palabras con sus diferentes acepciones para practicar.

Basándote en lo expuesto anteriormente, responde a las siguientes preguntas:

1 Para hablar de creencias debemos incluir aspectos como cultura, religión, política, relaciones personales, trabajo, posición económica, objetivos personales, etc. Piensa en tu familia y entorno social. ¿Cuáles son algunas de las creencias que tu familia o tu entorno ha inculcado en ti?

____

____

____

____

____

TDC Relaciona este texto y las preguntas con Teoría del conocimiento. Compártelo con tus compañeros en TDC. ¿A qué tipo de conocimiento corresponden las creencias y los valores?

2 Puedes pensar en algunas creencias que has tenido que reconsiderar en los últimos años? ¿Has conocido a alguien que te ha hecho reconsiderar esas creencias? ¿Puedes compartir esa experiencia?

____

____

____

____

____

3 ¿Te parece que cambiar es positivo o uno debería ser siempre fiel a sus creencias: orígenes, familia, sociedad, etc.?

____

____

____

____

4 Escribe algún momento en que te has sentido incómodo por encontrarte en una situación totalmente distinta a las vividas en tu entorno social y familiar.

____

____

____

____

____

5 ¿Son las creencias importantes? ¿Es importante escuchar a los demás y aceptar que otros tienen creencias diferentes? ¿Es necesario, en algún momento, adaptarse a las creencias de otra gente? ¿Por qué?

____

____

____

____

____

____

Enfoques de aprendizaje

Habilidades sociales y de comunicación

En grupos analicen las distintas creencias y valores en conexión con algunos temas de actualidad. Por ejemplo:

- salarios de algunos deportistas
- importancia de los "bloggers" o *"influencers"*
- el valor de la educación
- el culto al cuerpo
- los contratos de "cero" horas
- los políticos
- los bancos
- la igualdad de género
- la importancia de las religiones

6 Elige algunas de las razones para tus respuestas, numerándolas según las consideres más o menos importantes. Compara y discute tu lista con la de un compañero.

- Es importante respetar las creencias de los demás. ☐
- Es importante mantener nuestras posturas y defenderlas. ☐
- Hay que adaptarse a las nuevas situaciones y otros valores. ☐
- Hay que mantener nuestros valores en todo momento y en cualquier situación. ☐
- Es importante ser fiel a nuestro origen, familia y entorno social. ☐
- Es importante abrir nuestra mente a otras formas de vida y perspectivas. ☐
- La gente que cambia de creencias es débil. ☐
- La gente que cambia de creencias es fuerte. ☐
- Debemos aprender a escuchar a los demás, aunque no estemos de acuerdo. ☐
- Debemos de asegurarnos de que los demás cambien su forma de pensar. ☐

Práctica de comprensión de lectura (Prueba 2)

Texto A: Texto informativo: ¿Qué son las creencias? (adaptado)

Se dice que las creencias determinan lo que somos y por eso la gente y el mundo es como es, y así es también todo aquello que esperamos de la vida, de la gente y de nosotros. Desde muy pronto y por nuestras vivencias, por nuestra educación y por el entorno que nos rodea, formamos esas creencias. Esas creencias pueden ocasionar enfrentamientos, pues "topamos" con otros seres humanos con sus propias vivencias y su subjetividad.

Las creencias son ideas, justificaciones que nos sirven para explicar lo que somos, lo que es la vida, lo que podemos hacer y no hacer, sobre todo aquello que es posible. Las creencias se basan en lo que hay que hacer o no, sobre nuestros límites, y se basan en un prototipo de nuestra realidad. Se crean por eventos que pueden ser reales o ficticios ya que muchas veces no distinguimos algo que si ha sucedido o aquello que nunca sucedió.

Por eso la interpretación es más importante que lo que sucede a la hora de elaborar nuestras creencias y eso da la forma a nuestras vivencias. Los hechos pueden ser muy intensos o pueden ser totalmente triviales, y sin embargo, producir el mismo efecto en nuestra mente y tener las mismas consecuencias en nuestra forma de entender la vida y formar nuestras creencias.

(a) ______________ el entorno forma esas creencias en los infantes,
(b) ______________ no es el aspecto exclusivo que
(c) ______________ origina. Hay eventos importantes que
(d) ______________ determinan nuestras creencias.
(e) ______________ aspectos difíciles de olvidar, que modificaron

nuestra visión del mundo: el "descubrimiento" de América, la primera y segunda guerra mundial, a nivel global. A nivel individual puede ser un hecho familiar, un problema financiero, una enfermedad, etc.

Así, poco a poco, a lo largo de nuestra vida, nuestro modo de pensar y actuar se va estableciendo y nos dirige e impacta en nuestra vida. Las creencias no son ni positivas ni negativas, pero es importante reconocer, si son creencias limitantes, frenos que nos impiden disfrutar y mejorar, o si son creencias facilitadoras o impulsoras, que nos ayudan a crecer y a entender mejor el mundo y por lo mismo mejoran nuestra vida.

Preguntas de comprensión

1 Basándote en el primer párrafo, menciona al menos tres aspectos condicionados por nuestras creencias.

a ______________________________

b ______________________________

c ______________________________

2 Basándote en el primer párrafo, encuentra las expresiones que significan:

a condicionan

____

b medio ambiente

____

c causar

____

d chocamos

____

3 Basándote en el segundo y tercer párrafo, ¿cuáles son dos de las características de las creencias? Escribe las letras de la opciones correctas en las casillas en blanco.

☐ ☐

A Se basan en nuestra realidad.
B Son una interpretación más que una realidad.
C Los hechos de los que parte una creencia son siempre reales.
D Los hechos de los que parte una creencia no son siempre importantes.

4 En el segundo párrafo ¿qué significa la afirmación: "muchas veces no distinguimos algo que si ha sucedido o aquello que nunca sucedió"?

____

5 Basándote en el cuarto párrafo, escoge las palabras de la casilla e insértalas en los cinco espacios en blanco en el texto.

varios	sin embargo	sino que	tampoco	para ello
hay	si bien	este	también	las

6 De acuerdo con el quinto párrafo, ¿qué tipos de creencias hay?

____

 Texto B: Tipos de creencias

Las creencias se clasifican por la forma en que se establecen: tenemos creencias sobre nuestro medio, sobre nuestros actos, sobre lo que podemos o no hacer, lo que somos o no, lo que nos identifica, etc. También hay creencias sobre nuestras creencias.

El tipo de creencias sobre el medio, tiene que ver con la situación y el momento. Por ejemplo, si trabajar en una oficina o en el campo es bueno o no; o creer que trabajar por la noche te retribuye con más oportunidades.

El tipo de creencias sobre las conductas, nos dicen lo que conviene hacer o no. Por ejemplo, no hablar con desconocidos porque pueden ser criminales.

Las creencias sobre las habilidades impiden o fortalecen las capacidades que tenemos o creemos tener. La creencia "soy un gran comunicador", es de este tipo de creencias.

Las creencias sobre la identidad, que son las más fundamentales y las menos conscientes, y por ello, casi imposibles de detectar, son del tipo "soy muy divertido", "soy un fracaso", "soy un ignorante", etc. Estas influyen en lo que podemos conseguir.

Enfoques de aprendizaje

Habilidades de pensamiento crítico

A partir de los textos A ¿Qué son las creencias? y B Tipos de creencias, en grupos, elijan un tipo de creencias:

- sobre el entorno
- sobre las conductas
- sobre las capacidades
- sobre la identidad

Reflexionen sobre la posible influencia, negativa y positiva, de esos tipos de creencias en distintos campos de la vida humana.

Después compartan su reflexión con una técnica de "pensamiento visible" y, por último, discutan su reflexión. Deben añadir en los formatos elegidos para compartir su pensamiento visible sus ideas al respecto, tanto aquellas con las que están de acuerdo como aquellas con las que no están de acuerdo.

Preguntas de comprensión

1 En el texto B, encuentra las expresiones que significan:

a entorno ____________

b recompensa ____________

c definen ____________

d restringen ____________

e dan fuerza ____________

2 Explica, con tus propias palabras, en qué consisten las creencias sobre:

a el entorno *el ambiente que te rodea*

b las conductas ____________

c las capacidades ____________

d la identidad ____________

 Text C: Creencias y valores

Vas a ver un video sobre creencias y valores. Contesta a las siguientes preguntas de acuerdo con el video.

Preguntas de comprensión

1 ¿Qué es una creencia, según el video?

____

2 ¿ Cuál es el primer aspecto negativo mencionado en el video respecto a las creencias?

____

3 ¿Cómo podemos interpretar la afirmación "son las gafas con las que vemos nuestra realidad"?

____

____

4 Completa las siguientes oraciones con palabras del texto que aparece en el video.

a En el momento de actuar, y para decidir si podemos o no, consideramos ________

____

b Las creencias dependen de la forma en que comprendemos ________

____

c Las creencias impulsoras son aquellas ________

____

d Los valores son ________

____

e Los valores nos ayudan a diferenciar ________

____

f y nos ayudan a crear ________

____

5 Contesta a las siguientes preguntas de acuerdo con el texto C.

a ¿Por qué es importante tener claros nuestros valores?

____

b ¿Qué relación encuentras entre los valores mencionados en el video y la educación IB?

____

____

____

c ¿Cuál es la relación entre valores y actitud?

____

____

d ¿Cuál es la metáfora empleada para resaltar que nosotros podemos elegir la actitud con que vivir nuestra vida?

____

____

Práctica de comprensión auditiva

Texto A: Identifica Tus 9 Creencias Limitantes/ Inteligencia Emocional/Coaching (variante España)

Vas a ver un video. Contesta a las siguientes preguntas de acuerdo con el video.

1 ¿Qué es lo primero que tenemos que hacer para deshacernos de nuestras creencias limitantes?

___

2 ¿Cómo describe Sonia Burgos las creencias limitantes?

___

3 ¿Cómo podemos evitar que esas creencias limitantes se conviertan en realidad?

___

4 ¿Cuál es el origen de esas creencias limitantes?

___

5 ¿Cuáles son los tres tipos de creencias limitantes mencionados?

___ ___ ___

6 ¿Cuáles son los tres contextos a tener en cuenta para esos tres tipos de creencias?

___ ___ ___

7 ¿Qué es lo que uno se cuestiona respecto a las creencias de capacidad?

___

8 ¿Qué es lo que uno se cuestiona respecto a las creencias de posibilidad?

___

9 ¿Qué es lo que uno se cuestiona respecto a las creencias de merecimiento?

___

10 Escucha en el video la palabra o palabras que significan lo siguiente:

a tener la competencia/capacidad necesaria para realizar algo

___

b haber hecho lo necesario para obtener o recibir algo

___

Texto B: La tolerancia

Vas a ver un video sobre el valor de la tolerancia. Contesta las siguientes preguntas de acuerdo con el video.

1 Completa las siguientes oraciones con palabras del texto que aparecen en el video.

a La tolerancia guarda relación con ______________________________ ______________________________ que se alejan de lo que cada persona cree dentro de sus creencias.

b Entonces la tolerancia se considera como ______________________________.
____

2 Menciona las cuatro diversidades de opinión.

a ______________________________

b ______________________________

c ______________________________

d ______________________________

3 **a** También se define la tolerancia como ______________________________.

b La tolerancia es entendida cómo ______________________________.

c El espíritu de tolerancia ______________________________.

d Es una disposición a admitir en los demás ______________________________.

e Ser tolerante no implica que deban aceptarse ______________________________ que vayan contra la moral.

f La educación es fundamental para adquirir ______________________________.

g La tolerancia debe aprenderse ______________________________.

> **TDC** ¿Podemos considerar las creencias como otra forma de conocimiento? ¿Puedes quizá incluir las creencias como parte de las formas de conocimiento como la percepción sensorial, la fe, la emoción, la razón, la memoria, la intuición, el lenguaje, o la imaginación? Elige una, o varias, y discútelo con el resto de tus compañeros.
>
> ¿Podemos considerar nuestras creencias como parte del conocimiento personal o del compartido?
>
> Piensa en algunas de tus creencias que hace poco has descubierto que están en contradicción con las creencias de tus compañeros.

Práctica de expresión escrita (Prueba 1)

250–400 palabras NM

450–600 palabras NS

En tu clase de historia están analizando el cambio de las creencias desde la Edad Media hasta nuestros días. Tu quieres compartir tus propias reflexiones sobre las creencias con el resto del instituto, porque te parece importante entender el papel de las creencias en la vida diaria y sobre todo en los conflictos que se repiten siglo tras siglo. Elige entre las opciones dadas un tipo de texto apropiado para la tarea.

Discurso	Póster	Diario

Antes de elegir el formato, ten en cuenta:

- cuál es más adecuado para la tarea
- cuál es el contexto
- cuál es el propósito del texto
- quién es el receptor
- cómo deben ser el tono y el registro

Enfoques de aprendizaje

Habilidades sociales, de comunicación y de investigación

En grupos, se preparan una serie de textos sobre distintas creencias y sus consecuencias globales. Por ejemplo la interpretación sobre la religión, la mujer, o la destrucción del hábitat, y se analizan las implicaciones que pueden suponer para los seres humanos.

Después se comparan los hallazgos de cada grupo.

TDC

¿Hasta qué punto las creencias determinan nuestro conocimiento?

¿Hasta qué punto es posible desaprender las creencias?

CAS y lengua B

Organicen un debate sobre las creencias y sus implicaciones positivas y negativas.

En grupos se analizan algunas de las creencias locales que pueden ser diferentes a las de algunos alumnos que vienen de otros países. Es importante dedicarle un tiempo a pensar sobre las diferencias y las semejanzas. Después se intentan comprender los orígenes de esas diferencias y semejanzas y se da énfasis a la necesidad de escuchar a los demás antes de emitir juicios de valor.

Se pide al resto del instituto o colegio elegir formatos distintos para plasmar las ideas principales del debate:

- artículos
- blogs
- editoriales
- videos
- poemas
- películas
- relatos cortos, etc.

Práctica de expresión escrita (Prueba 1)

250–400 palabras NM

450–600 palabras NS

En los últimos días ha habido una reunión internacional para hablar sobre el valor de la tolerancia en las sociedades multiculturales. Escribe un texto en el que presentes los distintos valores asociados con una sociedad tolerante. Elige entre las opciones dadas un tipo de texto apropiado para la tarea.

Carta formal	Informe	Folleto

Antes de elegir el formato, ten en cuenta:

- cuál es más adecuado para la tarea
- cuál es el contexto
- cuál es el propósito del texto
- quién es el receptor
- cómo deben ser el tono y el registro

Oral (evaluación interna)

NM

Descripción de un estímulo visual

Contextualizar dentro del área temática al que pertenezca

Descripción de imágenes

Tiempo de preparación: 15 minutos

1 Después de observar las cinco fotos siguientes, analiza las características que identifican a cada una y explica qué te sugiere a ti cada foto. Intenta descubrir a qué país corresponde cada una de las fotos e indaga todo lo que puedas sobre lo que representan las imágenes en cada país y cultura.

2 Elige dos fotografías y descríbelas. Ten en cuenta lo siguiente: ¿Qué es importante? ¿Quiénes están? ¿Dónde están? ¿Qué sacas en conclusión? Explica el contenido de las fotografías en relación con creencias y valores. ¿Pueden las creencias y los valores modificar la forma de pensar, sentir y actuar de la gente?

Indica tus opiniones ilustrándolas con ejemplos y justificándolas.

Consejos para el examen

Empieza siempre por explicar si es una fotografía, un dibujo, un póster, etc. Después localiza los puntos de la imagen:

- arriba a la derecha
- abajo a la izquierda
- en el centro
- en el ángulo superior derecho
- en el ángulo inferior izquierdo
- al frente
- al fondo
- a la derecha
- a la izquierda

Cuenta las personas u objetos:

Hay dos mujeres

Hay mucha gente

Se ve una familia, los padres y tres niños...

Aplicación del vocabulario

Para hablar de creencias y valores, podemos usar los verbos del inicio de este apartado, con significado de aceptar, rechazar, valorar, etc. También podemos usar las instrucciones para aconsejar a alguien a aceptar lo que otros piensan.

Prepara un listado de oraciones en las que des sugerencias y recomendaciones para fomentar el respeto por las creencias de los demás y rechazar la violencia generada por la falta de respeto.

Reflexiones finales

Después de completar todas las actividades presentadas en esta área temática te invitamos a reflexionar sobre como las has llevado a cabo. Escribe tus reflexiones en la tabla.

Puntos positivos	
Puntos a mejorar	
Próximos objetivos	

Finalmente y basándote en los Criterios de evaluación, haz una autoevaluación sobre tu desempeño en las siguientes destrezas:

Comprensión de lectura	Bien	Necesito mejorar
Comprensión auditiva	Bien	Necesito mejorar
Producción escrita	Bien	Necesito mejorar
Oral individual	Bien	Necesito mejorar

Experiencias

2

2.1 ACTIVIDADES DE OCIO: VIAJES Y VACACIONES

Para empezar

Actividad 1: Transporte y diferentes tipos de viaje

V

-Busca en un diccionario la definición de las siguientes palabras:

Viaje
Viajar

-Anota todas las acepciones que encuentres en las definiciones.

-Escribe oraciones en las que utilices las palabras con sus diferentes acepciones para practicar.

1 Escribe dos oraciones utilizando la palabra "viaje" en sus dos acepciones.

2 Un viaje puede realizarse a pie o en cualquier medio de **transporte** (autocar, bicicleta tren, avión, coche, barco) y los **motivos** pueden ser muy variados (personales, familiares, laborales, de estudios, de ocio, etc).

a ¿Qué tipos de viajes has realizado?

b ¿Qué tipo de transporte prefieres? ¿Por qué?

3 Completa la tabla señalando las ventajas y desventajas de los diferentes tipos de transporte.

Transporte	Ventajas	Desventajas
Ej.: *avión*	*Es rápido.*	*Puede ser muy caro.*

4 ¿Qué experiencias te han aportado tus viajes? Numera la lista abajo según tus preferencias. Puedes añadir otras experiencias que consideres valiosas. Después coméntalo con tus compañeros.

- Conocer la cultura de otros países. ☐
- Aprender la lengua. ☐
- Probar la gastronomía. ☐
- Conocer las costumbres y tradiciones. ☐
- Visitar lugares históricos. ☐
- Compartir vivencias con las personas locales. ☐

Actividad 2: Tipos de viajes de ocio

Los viajes de ocio están vinculados al turismo y también pueden realizarse de maneras muy diversas según las condiciones económicas:

- **Trotamundos:** generalmente el equipaje consiste en una mochila. Caminan mucho y se hospedan en los alojamientos que encuentran en el camino.
- **Paquetes turísticos:** una agencia de viaje proporciona los billetes, alojamiento en hoteles, traslados y las visitas guiadas.
- **Privados:** alojamiento en hoteles, generalmente de lujo, que ofrecen masajes, tratamientos de belleza, tratamientos balnearios, además de una excelente oferta gastronómica.
- **Turismo rural:** visitas a espacios rurales o naturales situados en pequeños pueblos o aldeas. Alojamiento en casas particulares típicas de las localidades.

Identifica en las siguientes fotografías el tipo de viaje que describen. Justifica tu elección con los detalles que ofrecen las definiciones.

Foto 1: ____________________

Justificación: ____________________

Foto 2: ____________________

Justificación: ____________________

Foto 3: ______________________________

Justificación: ______________________________

Foto 4: ______________________________

Justificación: ______________________________

Enfoques de aprendizaje

Habilidades sociales, de investigación y de comunicación

Los destinos también resultan muy variados e igualmente los propósitos del viaje:

- viaje cultural
- viaje de aventura
- viaje de descanso
- viaje a parques naturales

En grupos organicen información sobre las características que definen a estos diferentes tipos de viajes. ¿Qué destinos serían más apropiados para cada uno?

Cada grupo propone un destino para cada tipo de viaje.

Preparen los resultados con las experiencias personales de cada estudiante.

Práctica para el oral individual

NM

Tiempo de preparación: 15 minutos

Elige dos de las fotos y explica el contenido de la fotografía en el contexto de tipos de viajes de ocio y experiencias. Ten en cuenta lo siguiente: ¿Qué es lo más importante?¿Quiénes están? ¿Dónde están? ¿Qué sacas en conclusión?

Práctica de comprensión de lectura (Prueba 2)

Lee la página de blog que ofrece información sobre cómo utilizar diferentes medios de transporte para viajar por Argentina.

Texto A: Viajes que invitan a soñar

Argentina es un país de América del Sur organizado en 23 provincias y la Ciudad Autónoma de Buenos Aires que es la capital federal del Estado. En la ciudad de Buenos Aires viven aproximadamente 3 millones de personas, que suman más de 17 millones si contamos toda la provincia. Es la ciudad más poblada y más importante del país, y en ella se desarrollan todas las actividades importantes (actividades económicas, culturales, y red de transportes que comunica todo el país). Es una ciudad llena de vida y que todo viajero debe visitar durante algunos días para tomar contacto con el país.

El viajero que desea conocer Argentina suele hacerlo partiendo de Buenos Aires, ciudad conectada por aire con las principales capitales del mundo, y por avión, coche y autobús con el resto de ciudades argentinas. La mayoría de viajeros vuela, por ejemplo, desde Buenos Aires a las Cataratas del Iguazú en el norte, zona que limita con Brasil y Paraguay, o al Perito Moreno en el sur, pero siempre hay que tener en cuenta que los vuelos internos no son baratos y la frecuencia de vuelos no es ilimitada por lo que se puede optar por otras formas.

Una opción que te ofrecemos es viajar en autobús desde la estación de autobuses de Retiro (en la capital) o desplazarse en coche. Habrás de tener en cuenta, sin embargo, que Argentina no es un territorio pequeño y que las distancias son, por tanto, enormes.

Aún así, muchos viajeros optan por el desplazamiento en coche. Esta opción es muy recomendable si dispones de tiempo y te permitirá moverte libremente sin estar sujeto a horarios o trayectos fijos. En este caso, resulta recomendable que contrates un seguro y que consultes el estado de las carreteras en las distintas páginas web.

Si no te decides a alquilar un coche y estás dispuesto a adentrarte en el interior del país, también podrás desplazarte en autobús de ciudad a ciudad (Santa Fe, Salta, Mendoza, Corrientes o Paraná). El autobús sería una opción más económica, cómoda y segura para desplazarse por todo el territorio argentino. Viajar en autobús te ayudará a conocer tanto las ciudades como sus alrededores y las provincias que se van atravesando. Quizá sea esta la opción más inteligente de conocer Argentina y disfrutar de sus bellos parajes, de sus gentes, de su gastronomía y de su cultura. Tendrás que entender que Argentina no es solo Buenos Aires y que todo el país está lleno de cosas interesantes que ver, hacer y disfrutar.

Preguntas de comprensión

1 Basándote en los párrafos 1, 2 y 3, responde a las siguientes preguntas.

a ¿En qué ciudad de Argentina sucede todo lo importante?

____

b ¿Qué dos razones hacen de esta ciudad un destino preferido para los viajeros?

____

____

c ¿A qué lugares, mencionados en el texto, se puede ir en avión desde Buenos Aires?

____

d ¿Qué frase del texto indica que Argentina es un país muy extenso?

____

2 Basándote en los párrafos 2, 3 y 4, completa las siguientes oraciones con información del texto.

a El viajero que quiere viajar por Argentina suele ______________________________

____

b Hay que tener en cuenta que la frecuencia de vuelos ______________________________

____

c Viajar en coche tiene ventajas como ______________________________

____

d Para viajar por Argentina es recomendable ______________________________

____

3 Basándote en el párrafo 5, elige las tres ideas principales que aparecen en el texto. Escribe las letras de la opciones correctas en las casillas en blanco.

☐ ☐ ☐

A Sugiere utilizar únicamente la capital como punto de conexión.
B Una buena alternativa es usar otra ciudad para conectar diferentes puntos.
C Alquilar un automóvil puede resultar demasiado caro.
D No es fácil realizar estos viajes en autobús.
E La mayoría de las ciudades ofrecen puntos de interés turístico.
F El autobús es el medio de transporte más recomendable.

Para ir más lejos

Busca información sobre otros países de América Latina (Chile, Perú, México, Uruguay) y compara las distancias y los medios de transporte con los ofrecidos en el texto. Escribe tus conclusiones.

____

____

____

____

____

____

____

Enfoques de aprendizaje

Habilidades de investigación

Busca un mapa de Argentina y localiza donde se ubican los lugares que se citan en el texto: Buenos Aires, Perito Moreno, Iguazú, Córdoba, Santa Fe, Mendoza. Toma nota de las distancias en kilómetros; por ejemplo de Buenos Aires a Perito Moreno, o de Buenos Aires a Iguazú y calcula el tiempo necesario para llegar a esos lugares desde distintos puntos, como vía Córdoba, Santa Fe, Mendoza.

¿Cuánto tiempo sería necesario para viajar a esos lugares según los diferentes medios de transporte (avión, autobús, coche)?

Con tus compañeros discute y aporta razones sobre las mejores opciones para viajar por Argentina.

Compara las distancias en Argentina con distancias en tu país o países donde has vivido: ¿Comprobar las grandes distancias que existen te ayuda a comprender el contenido del blog? Razónalo.

Gramática en contexto

Formas verbales

Observa las siguientes formas verbales que aparecen en el texto:

habrás (párrafo 3)
permitirá (párrafo 4)
podrás (párrafo 5)
te ayudará (párrafo 5)
tendrás (párrafo 5)
sería (párrafo 5)

Los verbos de la lista aparecen en futuro imperfecto (futuro simple) y el último en condicional. Los verbos en futuro describen acciones ciertas y seguras aunque todavía no han ocurrido. Son hechos. Las acciones descritas en condicional son hipotéticas. No hay certeza de que vayan a ocurrir.

Completa la tabla con las formas verbales que se sugieren.

Infinitivo	Futuro	Condicional
haber	Ej: *habrá*	
permitir		
poder		
ser		Ej: *sería*
ayudar		

Busca en el texto las oraciones completas con estas formas verbales y analiza su significado; después, crea oraciones similares con tus propias palabras tanto en el futuro como en condicional.

Texto B: Una de las maravillas de Costa Rica

Costa Rica, país de América Central con un alto compromiso para la conservación del medio ambiente, tiene una diversidad de Parques Nacionales destinados a preservar su entorno. El texto que viene a continuación es la página de un folleto que ofrece información sobre uno de ellos.

El Parque Nacional Rincón de la Vieja (Costa Rica) se encuentra en las provincias de Guanacaste y Alajuela, a 23 kilómetros de la ciudad de Liberia (capital de la provincia de Guanacaste).

En él se encuentra el volcán que le da nombre, Rincón de la Vieja. El volcán divide la zona en dos partes cuyos lindes están constituidos por las aguas del Océano Pacífico (al oeste) y el Océano Atlántico (al este). Cuenta asimismo con más de 30 ríos que lo recorren.

El parque se puede visitar en su totalidad y en él se pueden realizar multitud de actividades como acampar, hacer senderismo o recorrer zonas a caballo, nadar, bañarse en aguas termales, hacer *rafting* en alguno de sus ríos o sentarse en alguna de sus zonas acotadas para disfrutar de una comida campestre.

La gran extensión del parque, (más de 14.000 hectáreas) su ubicación, la actividad volcánica y la diferencia de altitudes hacen que cuente con diversos ecosistemas. El lado oeste es más árido y seco, con una estación seca que va de febrero a abril, siendo esta una zona perfecta para realizar senderismo. El lado este, por el contrario, sufre los vientos alisios procedentes del Océano Atlántico y es una zona muy húmeda y lluviosa, lo cual favorece la presencia de grandes bosques húmedos, tropicales, cuya vegetación exuberante y verde impresiona por su tamaño y frondosidad. En estos bosques existen multitud de especies de animales y plantas (más de 260 especies de aves y abundantes insectos).

Administrativamente, el parque se divide en dos sectores: el sector Santa María y el sector Las Pailas. En cada uno de los sectores se encuentra una estación de guardaparques. Desde la estación de guardaparques de Santa María se puede seguir multitud de senderos para realizar caminatas o paseos a caballo. Son caminos que ascienden por la ladera del volcán. En la estación de guardaparques de Las Pailas hay, además de una oficina de información, una zona donde se puede acampar para pasar la noche en el parque.

Preguntas de comprensión

1 Basándote en el contenido del texto, responde a las siguientes preguntas.

a ¿Dónde se encuentra el Parque Nacional de Rincón de la Vieja?

____

b ¿Qué actividades terrestres pueden realizarse en este parque?

____

c ¿Y acuáticas?

____

d ¿Por qué cuenta el parque con diversos ecosistemas?

____

e ¿En qué se diferencian los lados oriental y occidental del volcán?

____

2 Basándote en los párrafos 3, 4 y 5, completa las siguientes oraciones con información del texto.

a En el parque se pueden realizar ______________________________

____

b El lado este, por el contrario, sufre ______________________________

____

c En estos bosques existen ______________________________

____

d Desde la estación de Santa María se puede ______________________________

____

e En Las Pailas se puede ______________________________

____

3 En estos parques tanto la geografía como el clima son muy importantes. ¿Puedes identificar en el texto las palabras que pertenecen a las dos categorías? Completa la tabla.

Accidentes geográficos	Condiciones climáticas
Ej. *Cordillera de Guanacaste*	

Texto C: Mojácar, pueblo blanco sobre fondo azul

Seguidamente se ofrece un texto sobre la ciudad de Mojácar en Andalucía, España en el que aparecen datos sobre su interés **histórico y cultural**.

Cúpula: cubierta de un edificio en forma de media esfera

Cultivos: productos agrícolas que crecen en la tierra

Mojaquera: mujer natural de Mojácar

Cantareras: estructuras de madera para transportar cántaros

Cántaro: recipiente de barro para mantener el agua fresca

Tapada: cubierta, oculta por un velo o pañuelo

Encandilar: deslumbrar, asombrar

Semipelado: con poca vegetación

Aljibes: depósitos para el agua

A Jacinto Alarcón, alcalde en la década de 1960 de un Mojácar deprimido, se le ocurrió regalar solares con la condición de que quien construyera respetase la arquitectura tradicional. Las restricciones permanecen: casas de dos plantas como máximo, obligatoriamente blancas, sin tejados, sin cúpulas, y nada de cultivos bajo plástico. Empezaron a llegar artistas, embajadores y millonarios que se cruzaban con el vecino montado en su burro y, en la playa, mojaqueras con sus cantareras en la cabeza y media cara tapada. El contraste encandiló a los visitantes tanto como el paisaje áspero pero magnético de monte semipelado y el azul del mar como telón de fondo.

En el siglo XIII, la población dejó la colina sobre la que se asentaba y se mudó a la contigua, actual emplazamiento de Mojácar, buscando mejores vistas de la costa (por la que llegaban los piratas berberiscos) y una posición defensiva más ventajosa frente a la presión de las tropas cristianas. Dejaron atrás casas, talleres, tiendas, mezquita, aljibes, 11 torres y un castillo. Desde hace dos años, un equipo de arqueólogos liderados por la Universidad de Granada excava, en julio, en esta Mojácar la Vieja que va saliendo a la luz. Cualquiera puede subir para ver cómo avanzan los trabajos. "La gente ha hecho suyo el yacimiento, lo respeta y lo cuida", subraya el director de la excavación, José María Martín Civantos.

Es hora de visitar la ciudad miembro de la asociación de Los Pueblos más Bonitos de España. Hay una calle, llamada Salsipuedes, estrecha hasta la claustrofobia y tan empinada que tiene escalones; un buen epítome de lo que deparan los vericuetos de un casco antiguo donde no pasan coches (sencillamente porque no caben). Es posible que uno se pierda entre los entresijos de su judería. Y es un gusto deambular por sus calles del siglo XIII. La de Enmedio o la del Aire están trufadas de tiendecitas que venden personalidad. Aquí se concentran las plazas del Caño o del Parterre, la iglesia fortaleza, la Casa de la Canana, donde conocer cómo era un hogar mojaquero hace 100 años.

Preguntas de comprensión

1 Basándote en el párrafo 1, responde a las siguientes preguntas con información del texto.

a ¿Cuál fue la idea del alcalde de Mojácar en los años 60?

____

b ¿Cuáles fueron las restricciones que impuso?

____

c ¿Cómo es la arquitectura de Mojácar?

____

d ¿Qué clase de visitantes llegaron a Mojácar?

____

e ¿Cómo era la población local?

____

2 Basándote en el párrafo 2, elige si los enunciados son verdaderos (V) o falsos (F) y justifica tu respuesta con elementos del texto.

a En el siglo XIII Mojácar cambió de ubicación. **V** ☐ **F** ☐

Justificación ______________________________

____

b La defensa de la ciudad resultaba más difícil desde la nueva colina. **V** ☐ **F** ☐

Justificación ______________________________

____

c Las ruinas de la ciudad vieja están apareciendo gracias a una excavación arqueológica. **V** ☐ **F** ☐

Justificación ______________________________

____

d La gente no respeta el entorno arqueológico. **V** ☐ **F** ☐

Justificación ______________________________

____

3 Basándote en el párrafo 3, busca las palabras que significan:

a con cuesta muy pronunciada ______________________________

b resumen, sumario______________________________

c vueltas, revueltas ______________________________

d interiores ______________________________

e pasear ______________________________

f llenas ______________________________

Consejos para el examen

En las actividades donde se debe elegir si un enunciado es verdadero o falso, ten en cuenta que para conseguir el punto es necesario marcar la opción correcta y encontrar la justificación. Es aconsejable encontrar la línea del texto que justifique el enunciado y compararla con este. Si las dos oraciones significan lo mismo se optará por la opción verdadero y en caso contrario falso.

Práctica de expresión escrita (Prueba 1)

250–400 palabras NM

450–600 palabras NS

Has viajado por un país hispanohablante y has decidido alojarte en régimen de turismo rural. Las condiciones de tu refugio no eran las que se ofrecían: lugar aislado, difícil acceso, habitaciones sin acondicionar, comidas poco elaboradas. Escribe sobre tu experiencia. Elige entre las opciones dadas un tipo de texto apropiado para la tarea.

TDC

Basándote en los textos de viajes que has leído, ¿puedes pensar en razones geográficas o históricas que justifiquen ciertas características idiosincrásicas?

¿Hasta qué punto la geografía y la historia pueden tener influencia en la idiosincrasia de los pueblos?

Antes de elegir el formato, ten en cuenta:

- cuál es más adecuado para la tarea.
- cuál es el contexto
- cuál es el propósito del texto
- quién es el receptor
- cómo deben ser el tono y el registro

Blog de viaje	Carta (o correo) formal	Folleto informativo

CAS

Con otros estudiantes, reúne dinero a través de distintas actividades para poder realizar un viaje dentro del país en que resides, con la intención de aprender algo nuevo y a la vez colaborar con algún proyecto de interés.

Práctica de comprensión auditiva (Prueba 2)

Texto A: 5 lugares de Bolivia que parecen de otro planeta

Vas a ver un video que trata sobre diversos paisajes de Bolivia.

Preguntas de comprensión

Valle de la Luna

1 Elige la respuesta correcta y márcala en la casilla en blanco.

a El Valle de la Luna se encuentra...

☐
A a 30 km de la capital La Paz.
B a 20 km de la capital La Paz.
C a 10 km de la capital La Paz.

b La erosión de las rocas...

☐
A ha formado la superficie lunar.
B ha creado formaciones caprichosas.
C ha creado estructuras geométricas.

c El visitante piensa que se encuentra...

☐
A en un pequeño páramo de la luna.
B en una ciudad fantástica.
C en lo alto de las montañas de la luna.

Laguna colorada

2 Responde a las siguientes preguntas.

a ¿Dónde se encuentra la Laguna colorada?

___

b ¿Qué parecen las aguas de la laguna?

___

c ¿A qué deben las aguas su color rojo?

___

d ¿Qué elementos hacen que las aguas cambien de color?

___

Caverna de Umajalanta

3 Completa las siguientes oraciones con información del video.

a La caverna de Umajalanta presenta ___ .

b Las rocas en forma de aguja de ___ .

c La caverna está formada por ___ .

Géiseres Sol de Mañana

4 Elige las cuatro ideas de la lista que se mencionan en el video y escribe las letras de las opciones correctas en las casillas en blanco.

☐ ☐ ☐ ☐

A Los géiseres se encuentran en la Laguna Colorada.
B Los géiseres están a 5.000m sobre el nivel del mar.
C Los géiseres están en una zona volcánica.
D Los géiseres pertenecen a los restos de un volcán.
E El sol de la mañana magnifica su esplendor.
F El sol de la mañana enfría el vapor de agua.
G Los géiseres y las fumarolas lanzan chorros de vapor.
H Los géiseres formaron la tierra.

Salar de Uyuni

5 Contesta a las siguientes preguntas.

a ¿Qué es el Salar de Uyuni?

___

b ¿Para quién es ideal la visita a este salar?

___

c ¿Cómo actúa el agua sobre la capa de sal?

___

d En este paisaje, ¿qué ayuda a diferenciar el cielo de la tierra?

___

2.2 RITOS DE PASO

Rito de paso: se refiere a una serie de actividades específicas que marcan la transición de un estado a otro, generalmente entre la niñez y la vida adulta, en la vida de una persona.

Hay ritos de paso con connotaciones religiosas, sociales o culturales. También se conocen como "ritos de iniciación".

Enfoques de aprendizaje

Habilidades sociales y de comunicación

Basándote en la definición de ritos de paso, comenta con un compañero cuántos conoces y en qué consisten.

¿Se celebran ceremonias de este tipo en tu cultura, o en alguna otra que hayas experimentado? Explica cuáles.

V

Para empezar

Actividad 1: La quinceañera

Empareja las palabras (1–7) con sus definiciones (a–g). Escribe la letra correcta en la columna del medio.

1 convertirse		**a** juguete típico de las niñas
2 indumentaria		**b** objeto de forma cilíndrica, de cera para iluminar
3 homenajeada		**c** celebración de un festejo
4 de gala		**d** vestimenta o ropa
5 recepción		**e** transformarse
6 vela		**f** elegante, de ceremonia
7 muñeca		**g** persona protagonista de un acontecimiento

Actividad 2: ¿Cómo se celebra la fiesta de la quinceañera?

La quinceañera es la fiesta que se celebra el día en que una chica cumple 15 años y simbólicamente, marca su paso de la infancia a la edad adulta, el momento en que se convierte en una mujer.

La fiesta de la quinceañera se celebra en una gran parte de los países de Latinoamérica y actualmente también en áreas de Estados Unidos y España donde hay una gran presencia de comunidades latinoamericanas.

La tradición incluye una serie de características:

- la indumentaria de la homenajeada que suele ser un vestido largo de gala
- el lugar elegido para la recepción
- la cena seguida de un baile. La quinceañera baila un vals, primero con sus "chambelanes" (jóvenes que la escoltan), luego con su padre y a continuación con el resto de los invitados.

En cada país se incluyen otras tradiciones como por ejemplo "las 15 velas" en la que la protagonista entrega una vela a las 15 personas más importantes para ella o la ceremonia de "la última muñeca" que significa que la quinceañera deja su niñez para convertirse en una adolescente.

1 ¿Qué significado tiene celebrar los 15 años?

____

2 ¿Por qué se celebra la quinceañera en España y en algunos lugares de los Estados Unidos?

____

3 ¿Cómo es la ropa que luce una quinceañera?

____

4 ¿Qué tipo de música suele tocarse para esta celebración?

____

5 ¿Qué significan "las 15 velas"?

---

6 ¿Qué simboliza la última muñeca?

Práctica de comprensión de lectura (Prueba 2)

Texto A: Experiencias que marcan la vida

Este texto corresponde a un artículo de una revista juvenil donde se muestran testimonios de jóvenes que participaron en la celebración de la quinceañera.

En los países latinoamericanos y por influencia de estos en algunas partes de los Estados Unidos es habitual celebrar los 15 años de las jóvenes. En esta fiesta se trata de celebrar el paso de niña a mujer y, de alguna manera, festejar la entrada de la quinceañera en el mundo de los adultos.

Hemos hablado con dos chicas que celebraron su fiesta de 15 hace algunos años.

Claudia, cubana, nos dijo que la fiesta en su país era muy popular, con sus bailes clásicos y sus vestidos a la antigua usanza; ella tenía recuerdos muy positivos de su fiesta ("recuerdo la celebración de mi 15 cumpleaños con alegría") ya que, si bien su familia, trabajadora y humilde, no pudo derrochar mucho dinero, en su fiesta sí le preparó todo un día para el recuerdo, ("sabían que me hacía mucha ilusión celebrarla"). También rememora con mucha ternura las fiestas de sus amigas, ("asistí a unas **cuantas** y me divertía") y reconoció que lo más apasionante era olvidarse de la ropa informal y poder llevar vestidos hermosos y maquillarse un poco, lo que la hacía sentirse muy adulta en esos días.

Sofía nos cuenta que cuando ella cumplió 15 años, a mediados de los 90, en Ecuador la fiesta se celebraba según el estrato social de la familia, aunque todavía era habitual entre familias de clase baja y de clase alta tradicional. Entonces si la familia era de clase humilde la fiesta se celebraba en la casa de la quinceañera o, incluso, en la calle con vecinos y amigos que se esforzaban por adornarla lo mejor posible. Y también resultaba una fiesta muy popular entre familias de clase alta que, en este caso, **las** que cumplían 15 celebraban la fiesta en clubes, restaurantes, salones o incluso en los jardines de las mansiones familiares.

Hemos encontrado muchas similitudes en las celebraciones pese a la distancia entre **ambos** países aunque ahora Claudia y Sofía, desde su perspectiva adulta, la encuentran un poco cursi, pero ("es solo una fiesta, un acontecimiento social") que debe celebrarse para enriquecer la experiencia a esa edad tan importante.

Preguntas de comprensión

Después de leer el texto A, completa las actividades que vienen a continuación.

1 Basándote en la experiencias de Claudia y Sofía, responde a lo siguiente:

a ¿Qué palabra indica que la familia de Claudia no podía gastar mucho dinero?

____

b ¿Por qué le gustaba a Claudia asistir a las fiestas de quinceañera?

____

c ¿Qué clases sociales celebraban la fiesta de quinceañera en Ecuador?

____

d ¿Dónde se celebraban las fiestas de las clases acomodadas?

____

2 Completa el cuadro siguiente, indicando a qué se refieren las palabras en **negrita** en los párrafos 1, 2 y 3.

En las expresiones…	la palabra…	se refiere a…
asistí a unas **cuantas**	cuantas *(línea 13)*	
las que cumplían 15	las *(línea 22)*	
la distancia entre **ambos** paises	ambos *(línea 26)*	

3 Basándote en el contenido del texto, completa las siguientes oraciones usando los elementos de la columna de la derecha. Escribe las letras en las casillas en blanco. Cuidado, hay más respuestas de las necesarias.

A Claudia... ☐
Sofía... ☐
En Cuba... ☐
En Ecuador... ☐

A nunca asistió a una fiesta de quinceañera.
B le ilusionaba celebrar esta fiesta.
C celebró su fiesta cuando era muy popular.
D cumplió 15 años en los años 90.
E los vestidos de gala recuerdan tiempos pasados.
F los trajes de gala son variados y elegantes.
G la familia gasta demasiado dinero.
H la fiesta depende del estatus económico.

Gramática en contexto

El pretérito indefinido o pretérito perfecto simple y el pretérito imperfecto
Observa los usos de los tiempos del pasado en la primera parte del texto A.

El pretérito indefinido o pretérito perfecto simple se usa para explicar hechos puntuales representados por:

- acciones únicas (ocurren solo una vez: *Nací en Madrid.*)
- acciones temporales de corta duración (periodo temporal preciso: *El martes llovió mucho.*)
- una serie de acciones sucesivas: *Me levanté, me bañé y me vestí.*)

Este tiempo siempre representa acciones acabadas o completas.

El pretérito imperfecto se usa para describir situaciones o dar explicaciones representadas por:

- acciones rutinarias o repetidas (ocurren de modo constante y permanente: *Todos los veranos íbamos a la playa.*)

- acciones largas (de larga duración en el tiempo: *Cuando era pequeña me encantaba dibujar.*)
- acciones simultáneas (ocurren al mismo tiempo: *Mientras hacía los deberes escuchaba música.*)

Las acciones representadas por este tiempo son continuas, es decir no se conoce su final.

Identifica los verbos en el los dos primeros párrafos del texto A y señala a qué tiempo verbal pertenecen y cómo son las acciones que representan.

Ej: *"Dos chicas que celebraron la fiesta hace algunos años". Celebraron*, en pretérito indefinido, marca una acción con un periodo temporal preciso *"hace algunos años"*.

____

____

____

____

____

____

____

____

____

Texto B: Quinceañera y feminismo

La celebración de los 15 años ha sido duramente criticada por algunos grupos feministas y defensores de los derechos de la mujer, **(a)** ____________________ argumentan que este festejo reafirma el concepto de mujer–objeto sexual, ya que gran parte de su simbología promueve la virginidad, la obediencia y la sumisión ofrecidos al mejor postor. **(b)** ____________________ los códigos sociales y de convivencia han cambiado tanto que, hoy en día, la fiesta de 15 años, **(c)** ____________________ mantiene su carácter ritual, ha perdido sentido, **(d)** ____________________ es un pretexto para desplegar el bienestar económico, permitir el lucimiento de la festejada y pretextar una fiesta de grandes dimensiones; sin la expectativa de atraer a un buen partido.

Con o sin crítica, la celebración de 15 años, aunque cada vez menos común dentro de las clases medias que prefieren un viaje o fiesta informal sólo con los amigos, sigue siendo un evento de gran importancia en las clases media bajas y bajas de México y otros países del centro y sur del continente americano. La carga de símbolos sociales y emocionales no se ha diluido con el paso del tiempo, pero ha cambiado radicalmente, ya no se trata de presentar a una mujer casadera en sociedad, sino de desplegar un aparato social y económico festivo que ubique a la familia dentro un rango social menos golpeado por las inclemencias de los tiempos modernos.

Preguntas de comprensión

1 Basándote en el primer párrafo, inserta la palabras que faltan en los espacios en blanco. Escoge las palabras del recuadro y escríbelas en los cuatro espacios en blanco en el texto.

a pesar de que	aunque	quienes	pues	sin embargo	no solo	por eso

2 Basándote en el segundo párrafo, elige si los enunciados son verdaderos (V) o falsos (F) y justifica tu respuesta con elementos del texto.

a La fiesta de la quinceañera es cada vez más popular para la clase media. **V** ☐ **F** ☐

Justificación ______________________________

____

b Todavía se sigue celebrando en muchos países de América. **V** ☐ **F** ☐

Justificación ______________________________

____

c Sus símbolos sociales no han variado con el paso del tiempo. **V** ☐ **F** ☐

Justificación ______________________________

____

d La fiesta sirve para presentar a una joven casadera en sociedad. **V** ☐ **F** ☐

Justificación ______________________________

____

Oral individual (evaluación interna)

NM

Descripción de un estímulo visual

Contextualizar dentro del área temática al que pertenezca

Tiempo de preparación: 15 minutos

Describe estas fotografías: ¿Qué es importante? ¿Quiénes están? ¿Dónde están? ¿Qué sacas en conclusión?

Explica el contenido de la fotografía en el contexto de la celebración de la quinceañera.

Indica tus opiniones ilustrándolas con ejemplos y justificándolas.

Práctica de expresión escrita (Prueba 1)

250–400 palabras NM

450–600 palabras NS

¿Es la fiesta de la quinceañera una celebración feminista? ¿Es una celebración apropiada para este tiempo? Explica qué factores influyen para elaborar tu respuesta.

Elige entre las opciones dadas un tipo de texto apropiado para la tarea.

Discurso	Artículo periodístico	Correo electrónico

Antes de elegir el formato, ten en cuenta:

- cuál es más adecuado para la tarea
- cuál es el contexto
- cuál es el propósito del texto
- quién es el receptor
- cómo deben ser el tono y el registro

Actividad 3: Breve historia de los gitanos en España

Se denominan gitanos, romaníes, zíngaros, rom, sinti o pueblo gitano a una comunidad o etnia originaria de la India.

Aún hoy en día no se conoce muy bien la procedencia del pueblo gitano en España. Hay quien opina que proceden del norte de África, concretamente de Egipto, y que la palabra "gitano" es una malformación de "egipciano"; sin embargo hay quien piensa que provienen del norte. Los gitanos se asentaron en España a comienzos del siglo XV.

La sociedad gitana se ha caracterizado por vivir dentro de sus propias comunidades, de hecho llaman "payo" a todo aquel que no pertenece a su etnia. También ha sido una comunidad nómada, es decir, que no se asienta en un lugar fijo para vivir y han hablado su propia lengua, el caló.

La situación actual es bien distinta pues, aun siendo un grupo minoritario, han evolucionado y tratado de integrarse en la sociedad española aunque siguen sufriendo discriminaciones debido a la mala fama que les precede. Lo que nunca han abandonado del todo son sus tradiciones y rituales.

1 ¿Qué conoces sobre la sociedad y la cultura gitanas?

______

2 ¿Conoces otros pueblos nómadas? ¿Cuáles?

______

3 ¿Existen comunidades gitanas en tu país?

______

4 ¿Qué te ha sorprendido al leer esta breve historia?

______

Comenta tus respuestas con las de tus compañeros.

Práctica de comprensión de lectura (Prueba 2)

El texto que viene a continuación explica una de las tradiciones y ritos que todavía se conservan en las comunidades gitanas: las bodas.

Texto C: El mundo gitano y sus tradiciones

¿Ha tenido alguna vez la suerte de presenciar o de participar en una boda por el rito gitano? Las bodas por el rito gitano son una de las celebraciones más importantes de esta cultura.

Tradición e historia

Las bodas gitanas se distinguen por lo original de sus ceremonias y lo divertido e interesante de sus fiestas. La celebración de la boda suele durar tres días llenos de alegría y agitación. El primer día se celebra la ceremonia tradicional, en la que participan las familias de los novios. Durante el segundo día se hace la ceremonia religiosa y el banquete. Y, por fin, el tercer día la fiesta termina con un banquete en el que participa toda la comunidad.

Pedimento: el primer paso

El primer paso para que la boda pueda celebrarse es el pedimento. El hombre que desea contraer matrimonio debe pedir la mano a la familia de la novia. Las familias gitanas suelen ser muy numerosas y las bodas se celebran siendo los contrayentes muy jóvenes.

Una vez la familia ha dado su conformidad, a los prometidos se les considera novios y pueden empezar a salir juntos y planear la boda. Según la ley gitana, la mujer debe llegar virgen al matrimonio y, una vez casados, el hombre deberá ser absolutamente fiel a su esposa.

Ceremonia

La ceremonia religiosa puede ser por el rito católico, evangélico u ortodoxo, dependiendo de aquella religión a la que pertenezcan las familias y debe realizarse por la mañana. Se trata de una ceremonia religiosa en la que participan las familias de los novios. Siempre hay cantos, coros, música y celebración posterior a la manera más tradicional.

El vestido de la novia y el traje del novio

Las novias gitanas se casan jóvenes, alrededor de los 15 años, y desde pequeñas sueñan con ese día tan importante para ellas.

El traje de novia es, en realidad, doble: un vestido color de rosa que simboliza la feminidad y que la novia lleva por debajo y un vestido blanco que simboliza la pureza y que es el que todo el mundo ve. Suele ser el suegro de la novia el encargado de pagar por el vestido y nunca puede ser prestado sino que tiene que ser nuevo. Cada novia decide, junto a las mujeres de la familia, qué vestido llevar y las pruebas son momentos de felicidad y regocijo para todas.

El novio suele vestir un traje oscuro convencional, al igual que los demás miembros masculinos de las familias.

También en las bodas gitanas hay damas y pajes que acompañan a los novios y visten sus mejores galas.

La fiesta

Las costumbres del festejo varían de por regiones o familias y, aunque en todas se suele "tirar la casa por la ventana" en otras la celebración es más simple. En general, las madres de los contrayentes presentan a sus hijos en público y después cuatro de los asistentes los levanta a hombros mientras que el resto de los invitados les arroja almendras dulces que simbolizan buenos augurios. En muchas de ellas se hace el ritual de la corbata: cada invitado que da dinero a la nueva pareja recibe un trozo de la corbata del novio. Las mujeres también regalan claveles a las personas que entregan dinero. En otras simplemente se canta, se baila, se come y se bebe hasta que el cuerpo aguante...

Preguntas de comprensión

1 Basándote en el apartado, *Tradición e historia*, responde a las siguientes preguntas.

a ¿Qué diferencia a las bodas gitanas de las bodas tradicionales?

____

b ¿Cuánto tiempo dura la celebración de una boda gitana?

____

c ¿De qué tres rituales se compone una boda gitana?

____

____

____

2 Basándote en los apartados *Pedimento* y *Ceremonia*, indica si estos enunciados son verdaderos (V) o falsos (F) y justifica tu respuesta con elementos del texto.

a Las ceremonias de boda gitanas pueden celebrarse bajo cualquier religión. **V** **F**

Justificación ______________________________ ☐ ☐

____

b Las familias gitanas tienen muchos miembros. **V** **F**

Justificación ______________________________ ☐ ☐

____

c Los gitanos se casan a una edad avanzada. **V** **F**

Justificación ______________________________ ☐ ☐

____

d El pedimento es equivalente a la pedida de mano de la novia. **V** **F**

Justificación ______________________________ ☐ ☐

____

e El esposo no siempre le guarda fidelidad a la novia. **V** **F**

Justificación ______________________________ ☐ ☐

____

3 Basándote en *El vestido de la novia y el traje del novio*, encuentra las palabras que significan:

a aproximadamente ______________________________

b pertenece a otra persona ______________________________

c padre del novio ______________________________

d chicas jóvenes que acompañan a los novios ______________________________

e chicos jóvenes que acompañan a los novios ______________________________

Enfoques de aprendizaje

Habilidades sociales, de investigación y de comunicación

Busca información sobre otros tipos de bodas y explica en qué consisten sus ritos y tradiciones.

- ¿Cómo se celebran las bodas en tu cultura?
- ¿Qué diferencias existen entre estas bodas y las tradicionales?

4 Basándote en el cuarto apartado, *La fiesta*, marca las letras de la opciones correctas en las casillas en blanco.

a Las madres de los novios...

☐
A presentan a sus hijos a los invitados.
B comienzan la ceremonia con los invitados.
C legalizan la unión de los novios.
D presentan los regalos a los novios.

b Los amigos y familiares...

☐
A celebran tirando flores a los novios.
B celebran tirando dulces a los novios.
C celebran bailando con los novios.
D celebran bailando con los padres.

c En el ritual de la corbata...

☐
A regalan una corbata nueva al novio tirando dinero.
B regalan a los invitados trozos de la corbata.
C ofrecen a los invitados un trozo de corbata si tiran dinero.
D ofrecen a los novios dinero.

Migración: la migración humana se puede definir como el tránsito permanente de personas de un lugar a otro; en un sentido más amplio, la migración se refiere a las distintas maneras con que los ciudadanos de cualquier nación del mundo cubren la necesidad de establecerse en otro lugar de residencia.

Cuando se deja el lugar de residencia, el fenómeno se llama "emigración" y cuando se llega a otro país para establecerse se llama "inmigración".

V

2.3 MIGRACIÓN

Para empezar

Actividad 1: Artículo 13 de la Declaración Universal de los Derechos Humanos

"Toda persona tiene derecho a circular libremente y a elegir su residencia en el territorio de un Estado. Toda persona tiene derecho a salir de cualquier país, incluso el propio, y a regresar a su país."

1 ¿Qué opinas sobre el contenido del artículo 13 de la declaración de DDHH?

____

____

____

2 ¿Crees que se respeta en todo el mundo? Explica tu respuesta.

____

____

____

3 Plantea las razones por las cuales la gente emigra a otro país.

____

____

____

4 ¿Cuáles son las ventajas y desventajas que la inmigración y la emigración tienen en los países y en las personas? Haz dos listas completando la tabla.

Ventajas	Desventajas
Ej.: *traen pluralidad cultural*	

Actividad 2: Vocabulario

1 Empareja las palabras (1–7) con sus definiciones (a–g). Escribe la letra correcta en la columna del medio.

1 un refugiado		**a** línea imaginaria que separa un país de otro
2 un sin papeles		**b** persona que viene de otro país, de otra comunidad, de otro grupo
3 un expatriado		**c** demanda legal para obtener la autorización de residir en un país
4 un extranjero		**d** persona que entra ilegalmente en un país
5 una frontera		**e** recibir o admitir a una persona con el fin de ayudarla o protegerla
6 una petición de asilo		**f** persona que reside en un país extranjero por razones humanitarias o políticas
7 acoger		**g** persona que reside en un país diferente al suyo por razones profesionales

2 Responde a las siguientes preguntas.

a ¿De qué diferentes formas puede una persona residir en un país extranjero?

____

b ¿Cuál es de forma voluntaria?

____

c ¿Qué diferencia existe entre la acogida y la petición de asilo?

____

____

Práctica de comprensión de lectura (Prueba 2)

El texto que viene a continuación pertenece a la página de una organización humanitaria que ofrece su ayuda a los inmigrantes menores de edad.

Texto A: El drama de la inmigración de menores

Desde los países del Magreb, desde Marruecos y Argelia la mayoría, y también desde Europa del Este, Oriente Medio y África Subsahariana, llegan todos los años a España centenares de niños y adolescentes en un especial estado de vulnerabilidad: están separados de sus padres y no se encuentran bajo el cuidado de ningún adulto. En el último año 2019 habían alcanzado la cifra de 12.301. Conocidos como "MENAS" (menores extranjeros no acompañados) son trasladados a centros de primera acogida y dejados ahí hasta que su situación se aclare.

Desgraciadamente, no suele ser tan fácil para ellos empezar de cero en un país extranjero, cuyo idioma y costumbres desconocen y en el que, en demasiadas ocasiones, solo encuentran desprecio, desprotección, e incomprensión. Son un colectivo que suele ser víctima de la criminalización y deshumanización por parte de vecinos y ciudadanos que piensan que son enviados por sus familias a robar y abusar del país al que llegan, cuando en realidad están corriendo un grave riesgo de exclusión y desamparo.

Estos niños puede que hayan perdido a su familia, pero en la mayoría de los casos sus familias permanecen en su país de origen mientras ellos huyen del hambre, de la pobreza, de la guerra, de catástrofes naturales, de situaciones de desestructuración familiar, de persecuciones, de violencia y de violación generalizada de los derechos humanos hacia otros países en los que esperan encontrar una vida más digna.

Organizaciones no gubernamentales, como Unicef o Accem, tienen como prioridad dar protección a estos menores, procurando su bienestar y favoreciendo su integración social y laboral mediante clases y potenciando su autonomía. Es también su cometido actuar como verdaderos escudos protectores ante la incomprensión de una sociedad que, debido a la falta de información, se resiste a entender que estos niños, niñas y adolescentes son, en resumen, solo eso.

Niños que se han acostumbrado a vivir en la adversidad y han tenido que actuar como adultos sin serlo, que han tenido que huir sin más protección que la de las mafias que los sueltan en países extranjeros y que han dejado atrás todo un mundo de horror para lanzarse en la busca de un mundo mejor, para llegar a ser gente de bien, para lograr cumplir un sueño de mejora y para salir adelante como adultos en unas condiciones dignas e iguales.

Preguntas de comprensión

1 Basándote en el primer párrafo decide si los enunciados son verdaderos (V) o falsos (F) y justifica tu respuesta con elementos del texto.

a Todos los niños y niñas migrantes proceden del Norte de África. **V** **F** ☐ ☐

Justificación ______________________________

b También hay migrantes europeos y asiáticos. **V** **F** ☐ ☐

Justificación ______________________________

____

2 Basándote en el primer párrafo, completa las siguientes oraciones con elementos del texto.

a Llegan a España cada año centenares de ______________________________

____

b A mediados de 2019 habían alcanzado______________________________

c Las siglas MENA significan ______________________________

d Estos jóvenes son traslados a centros de acogida hasta que ______________________________

____

3 Basándote en el segundo párrafo, responde a lo siguiente con palabras del texto.

a ¿De qué suelen ser víctima los MENAS?

____

b ¿Por qué piensan algunos ciudadanos que son enviados los MENAS a España?

____

c ¿A qué peligros se exponen los MENA?

____

4 Basándote en el párrafo 3, completa la tabla con las palabras que indiquen razones sociales y razones políticas.

Razones sociales	Razones políticas

5 Basándote en los dos últimos párrafos, encuentra las palabras que significan:

a razón principal ______________________________

b buena vida ______________________________

c inserción ______________________________

d misión, objetivo ______________________________

e circunstancias no favorables ______________________________

f dirigirse a algo ______________________________

Enfoques de aprendizaje

Habilidades sociales, de investigación y de comunicación

Busca información sobre la situación de los MENA en España.

- ¿Sabes por que están marginados?
- ¿Por qué razón mucha gente los considera delincuentes?
- ¿Cuál es tu opinión sobre este problema?
- ¿Qué soluciones se te ocurren?

Discute tus respuestas con tus compañeros.

6 Escribe la opción correcta en la casilla.

El texto A...

☐

A Intenta enviar a sus países de origen a los MENA.
B Intenta proteger e integrar a los MENA en la sociedad.
C Intenta criminalizar a los MENA.
D Intenta crear solidaridad con los MENA.

Texto B: Armando, la travesía de un inmigrante

Después de esperar por varios años, Armando, un inmigrante mexicano, consiguió la doble nacionalidad mexicana-inglesa hace un par de días.

Ya tiene todos los derechos tanto nacionales como internacionales debido a que ya es un ciudadano inglés para todos los efectos.

Armando nació en Puebla, México, en 1997. Vivió allí junto con sus padres hasta los 11 años, cuando ellos decidieron emigrar a Inglaterra debido a problemas económicos y una oportunidad de trabajo prometedora.

Sus padres anhelaban conseguir suficiente dinero para poder regresar a Puebla y se encontraban muy ilusionados por los comentarios sobre las oportunidades en Europa.

Armando permaneció en México junto con sus dos hermanos menores, quedándose al cuidado de su abuela materna.

A los cuatro años de haber partido sus padres, Armando y sus hermanos, emigraron a Inglaterra para reunirse con ellos. Al poco tiempo nació su hermano más pequeño, Alonso, ya en tierras inglesas.

A los 20 años de edad Armando conoció a Francesca (de origen Italiano), quien es su pareja actual.

De momento Armando trabaja a tiempo parcial como repartidor en una empresa de paquetería a la vez que estudia Ingeniería Industrial.

Pregunta: (a) ______________________________

Armando: No. Tengo facilidad para relacionarme con los demás.

P: (b) ______________________________

A: No, para nada.

P: (c) ______________________________

A: Depende. Aunque creo que en general sí se recibe bien. Solo hay que saberse adaptar a sus costumbres y forma de vida y no hay problema.

P: ¿Piensas que hay inmigrantes que no actúan correctamente aún cuando hayan tenido una situación semejante a la tuya?

A: Sí. Hay chicos que no asisten a la escuela y que la pasan en la calle tirados sin hacer nada. La arman con frecuencia y cómo la gente tiende a generalizar logran que otros quedemos como los malos.

P: ¿Consideras que tu vida es mejor en Inglaterra que en México?

A: No lo sé, porque yo vine a este país con 15 años y realmente no siento que aprendí cómo era la vida en México. Aún así, siempre extrañas lo tuyo, no te acostumbras completamente a otro país.

P: ¿Quieres quedarte en Inglaterra?

A: No, en Inglaterra no. No es porque tenga nada en su contra. Simplemente me gustaría vivir en otros lugares. Como salí joven de mi país y he estado viviendo en uno diferente por unos años , me gustaría cambiar y visitar más porque me canso fácilmente de los lugares. Italia, por ejemplo, de dónde viene Francesca, me gusta mucho, es un país animado y con lugares hermosos.

P: ¿Cómo estás en tu trabajo?

A: Bien. Pero el trabajo como repartidor es agotador.

P: Finalmente, la situación de tu familia no era buena en México y vinieron a Inglaterra para mejorarla, ¿crees que lo han conseguido?

A: No realmente. Aquí se gana más dinero, pero también todo es más caro. Aquí mis padres viven igualmente con deudas. Al final el dinero es el que lo determina todo.

Preguntas de comprensión

1 Basándote en la introducción, responde a las siguientes preguntas.

a ¿Cuándo consiguió Armando la doble nacionalidad?

____

b ¿Qué le permite la doble nacionalidad?

____

c ¿Cuándo emigraron sus padres a Inglaterra?

____

d ¿Para qué querían sus padres el dinero?

____

e ¿Quién cuidó a Armando durante cuatro años?

____

f ¿Con quién vino Armando a Inglaterra?

____

2 Elige la opción correcta.

a El hermano pequeño de Armando…

☐

A nació en México.
B vino con los otros hermanos.
C nació en Inglaterra.

b Actualmente Armando…

☐

A estudia.
B estudia y trabaja.
C solo trabaja.

3 En el texto de la entrevista faltan las tres primeras preguntas. Elige las tres opciones correctas de la lista y escríbelas las en los espacios en blanco.

A ¿Qué problemas tuviste al llegar para adaptarte?
B ¿Tuviste algún problema de adaptación al llegar aquí?
C ¿Has discriminado a otros inmigrantes?
D ¿Tuviste rechazo por xenofobia o racismo?
E ¿Piensas que en Inglaterra se acoge bien a los inmigrantes?
F ¿Cómo te recibieron tus compatriotas?

4 Basándote en las preguntas 4–7 decide si los enunciados que vienen a continuación son verdaderos o falsos, márcalo en la casilla y justifícalo con elementos del texto.

a Algunos jóvenes inmigrantes están ociosos, sin una ocupación. **V** ☐ **F** ☐

Justificación ______________________________

____

b Frecuentemente se meten en conflictos. **V** ☐ **F** ☐

Justificación ______________________________

____

c Armando no echa de menos vivir en su país. **V** ☐ **F** ☐

Justificación ______________________________

____

d A Armando le gustaría vivir siempre en un mismo país. **V** ☐ **F** ☐

Justificación ______________________________

____

e Trabajar como repartidor le parece tranquilo. **V** ☐ **F** ☐

Justificación ______________________________

____

5 Basándote en la última respuesta de Armando, busca las palabras o expresiones que significan:

a obtener dinero por trabajar ______________________________

b costar, valer mucho dinero ______________________________

c deber dinero ______________________________

d lo más importante ______________________________

Gramática en contexto

Discurso directo y discurso indirecto

Una entrevista es una transcripción escrita del diálogo (oral) producido entre el entrevistador y el entrevistado que reproduce literalmente, discurso directo, las respuestas del entrevistado.

Ahora fíjate en el texto A, "Experiencias que marcan la vida", en la página 51 y observa las oraciones siguientes:

"...'asistí a unas cuantas y me divertía' y reconoció que los más apasionante era olvidarse de la ropa informal..."

En la primera parte "asistí a unas cuantas y me divertía", las palabras textuales aparecen entre comillas para indicar que se trata del discurso directo. Sin embargo *reconoció que los más apasionante era olvidarse de la ropa informal...* se trata de la interpretación de las palabras textuales por parte del autor, es decir, discurso indirecto.

Mira las diferencias:

Claudia: Asistí a unas cuantas y me divertía. Asistí a unas cuantas. (directo)

Articulista: Claudia **reconoce** que **asistió** a unas cuantas. (indirecto)

Verbos útiles para la formación del discurso indirecto:

- decir (dice que...)
- indicar (indica que...)
- reconocer (reconoce que...)
- empezar (empieza)
- concluir (concluye)
- terminar (termina)

Ahora elige una de las respuestas de Josué en el texto B en su entrevista y transcríbela a discurso indirecto.

____

____

____

____

____

____

Texto C: *Clandestino* NS

El texto que viene a continuación corresponde a la letra de una canción compuesta por Manu Chao que habla de los inmigrantes clandestinos entre Marruecos, al Norte de África, y España.

Solo voy con mi pena
Sola va mi condena
Correr es mi destino
Para burlar la ley
Perdido en el corazón
De la grande Babylon
Me dicen el clandestino
Por no llevar papel

Por una ciudad del norte
Yo me fui a trabajar
Mi vida la dejé
Entre Ceuta y Gibraltar
Soy una raya en el mar
Fantasma en la ciudad
Mi vida va prohibida
Dice la autoridad

Solo voy con mi pena
Sola va mi condena
Correr es mi destino
Por no llevar papel
Perdido en el corazón
De la grande Babylon
Me dicen el clandestino
Yo soy el quiebra ley

Mano Negra clandestina
Peruano clandestino
Africano clandestino

Solo voy con mi pena
Sola va mi condena
Correr es mi destino
Para burlar la ley
Perdido en el corazón
De la grande Babylon
Me dicen el clandestino
Por no llevar papel

Argelino, Clandestino!
Nigeriano, Clandestino!
Boliviano, Clandestino!
Mano Negra, Ilegal!!

Punto de información

Manu Chao es un cantautor francés de orígenes españoles que fue líder del conjunto musical Mano Negra y que, tras su disolución, se convirtió en cantante solista. En las letras de sus canciones se manifiestan sus ideales sociales y políticos. Muchas de sus canciones tratan de la inmigración ya que su familia se vio obligada a emigrar a Francia durante la dictadura franquista en España.

Preguntas de comprensión

1 Basándote en las dos primeras estrofas, busca en el texto expresiones que signifiquen:

a escapar de los policías ______

b solo en una gran población ______

c no poseer documentación ______

d frontera imaginaria negada a los ilegales ______

e ciudadano ignorado por los demás ______

2 En la tercera estrofa se repite el estribillo excepto la última frase. ¿Puedes interpretar con tus propias palabras el significado de "yo soy el quiebra ley"?

______

______

3 Basándote en la cuarta y sexta estrofas:

a ¿Qué significado tiene el uso del **singular** aplicado a las diferentes nacionalidades que se mencionan?

______

______

b ¿Qué significa "Mano negra" en este contexto?

______

______

4 Escribe un resumen del contenido de esta canción explicando cómo es la vida de un inmigrante clandestino.

______

______

______

______

______

Para ir más lejos

Busca información sobre la discografía de Manu Chao y explora la temática de las letras de sus canciones haciendo hincapié en las que tratan sobre la inmigración.

1 ¿Qué semejanzas encuentras con *Clandestino*?

______

2 ¿Y qué diferencias?

______

3 Haz una evaluación sobre cómo enfoca Manu Chao este tema.

______

______

Práctica de comprensión auditiva (Prueba 2)

Texto A: Migrantes escalan el muro fronterizo entre México y Estados Unidos

Vas a ver un video.

Preguntas de comprensión

Elige las cinco ideas que aparecen de la lista que viene a continuación. Escribe las letras de las opciones correctas en las casillas en blanco.

☐ ☐ ☐ ☐ ☐

A Decenas de integrantes de la caravana de inmigrantes escalan el muro.
B Los guardias dejaron pasar a aquéllos que cruzaron la valla fronteriza.
C El muro separa las ciudades de Tijuana y San Diego.
D Los inmigrantes de la caravana intentan solicitar asilo en la Unión Americana.
E México no ha ayudado a los inmigrantes hondureños.
F Para obtener el asilo deben demostrar persecución en sus países de origen.
G En San Diego nadie apoya la caravana de inmigrantes.
H El presidente defiende la existencia de su muro protector.
I El presidente ha cerrado el país por razones de seguridad.

Práctica de expresión escrita (Prueba 1)

250–400 palabras NM

450–600 palabras NS

"El fenómeno de la migración está creando cambios en la lengua hablada, el arte, la estética, la cultura popular y los valores en general del país de acogida". ¿Cuál es tu opinión sobre esta afirmación? Escribe tus conclusiones.

Elige entre las opciones dadas un tipo de texto apropiado para la tarea.

Página de blog	Artículo periodístico	Discurso

Antes de elegir el formato, ten en cuenta:

- cuál es más adecuado para la tarea
- cuál es el contexto
- cuál es el propósito del texto
- quién es el receptor
- cómo deben ser el tono y el registro

Actividad 3: Crisis migratoria en el Mediterráneo

1 Empareja las palabras (1–6) con sus definiciones (a–f). Escribe la letra correcta en la columna del medio.

1 mafias		**a** poco estable, poco seguro
2 desprotegidos		**b** alquilar una embarcación
3 precario		**c** personas que mueren
4 naufragar		**d** organizaciones criminales ilegales
5 fletar		**e** sin protección
6 víctimas		**f** hundirse en el fondo del mar

2 Todos los días miles de inmigrantes africanos buscan llegar a Europa a través del mar Mediterráneo. Ayudados a salir de sus países por mafias que les exigen el pago de cantidades altísimas, viajan desprotegidos en embarcaciones precarias que en la mayoría de los casos terminan naufragando. Varias Organizaciones No Gubernamentales (ONG) europeas han fletado barcos para rescatarlos pero muchos gobiernos europeos cierran sus puertos y no permiten desembarcarlos. Durante el año 2019 el número de víctimas ascendió a 681 según datos de la Organización Internacional para las Migraciones.

a ¿Sabes por qué razones intentan los inmigrantes africanos llegar a Europa?

____

b ¿Conoces alguna ONG europea encargada del rescate de inmigrantes?

____

c ¿Por qué muchos países cierran sus puertos a los inmigrantes?

____

Para ir más lejos

Busca información sobre la situación de los inmigrantes en el Mediterráneo y posiciónate al respecto. Luego completa la tabla analizando ambas caras de la situación.

Ventajas de aceptar la inmigración	Inconvenientes de aceptar la inmigración

Forma dos grupos para debatir los puntos a favor y en contra de la acogida de inmigrantes.

Oral (evaluación interna)

NM

Descripción de un estímulo visual

Contextualizar dentro del área temática al que pertenezca

Tiempo de preparación: 15 minutos

1 Explica el contenido de esta fotografía en el contexto de la crisis migratoria en el Mediterráneo. Indica tus opiniones ilustrándolas con ejemplos y justificándolas.

2 Explica el contenido de esta fotografía en el contexto de la situación de los Menores Extranjeros No Acompañados. Indica tus opiniones ilustrándolas con ejemplos y justificándolas.

3 Explica el contenido de esta fotografía en el contexto de la situación de la caravana de migrantes de Centroamérica. Indica tus opiniones ilustrándolas con ejemplos y justificándolas.

Actividad 4: El tren de la Bestia

En estos enlaces puedes ver videos o películas relacionados con el tema de la migración.

Te sugerimos buscar información sobre la película *La Bestia*, una película de Pedro Ultreras. Para filmar este documental, Pedro Ultreras se subió a la famosa *Bestia* (el tren) e hizo el recorrido a lo largo de México con cientos de migrantes. A continuación te ofrecemos un resumen del contenido de la película.

La Bestia es un documental que muestra el sufrimiento que viven los migrantes centroamericanos cuando intentan cruzar a México para llegar a Estados Unidos de manera ilegal.

Su sufrimiento empieza al pisar suelo mexicano. Ahí "se les **abusa**, se les **roba**, se les **golpea** y con frecuencia se les **mata**".

1 Busca el significado de las palabras **en negrita**.

2 Después de ver la película, escribe un breve resumen sobre su temática.

CAS

Pueden organizarse jornadas de sensibilización sobre la problemática de la inmigración o emigración y sus posibles consecuencias para los individuos y las familias que se ven obligados a dejar su país por razones políticas o económicas.

Reflexiones finales

Después de completar todas las actividades presentadas en esta área temática te invitamos a reflexionar sobre como las has llevado a cabo. Escribe tus reflexiones en la tabla.

Puntos positivos	
Puntos a mejorar	
Próximos objetivos	

Finalmente y basándote en los Criterios de evaluación, haz una autoevaluación sobre tu desempeño en las siguientes destrezas:

Comprensión de lectura	Bien	Necesito mejorar
Comprensión auditiva	Bien	Necesito mejorar
Producción escrita	Bien	Necesito mejorar
Oral individual	Bien	Necesito mejorar

3 Ingenio humano

3.1 EL ARTE Y LAS EXPRESIONES ARTÍSTICAS

Para empezar

Actividad 1: Texto preparatorio

El arte es la forma en que los seres humanos plasman de una forma visible sus ideas, sentimientos, dudas, miedos, esperanzas, etc. Puede ser a través de la escritura, de la música, la pintura, la danza, el teatro, y muchas otras formas artísticas como la moda hoy en día.

Una expresión artística nac e de la necesidad de expresar ideas, sentimientos, valores, y provoca a su vez una reacción relacionada con las interpretaciones de los espectadores o lectores.

1 ¿Qué es el arte para ti? Escribe la definición con tus propias palabras.

____

____

____

____

2 Después coméntala con un compañero. A continuación se expondrán las diferentes definiciones de las distintas parejas y se llegará a un acuerdo entre ellas.

3 Ahora, mira esta lista con diferentes actividades artísticas y representantes de cada una de ellas. Empareja las actividades (1–11) con sus representantes (a–k). Escribe la letra correcta en la columna del medio.

1 música		**a** Miguel Baca Rossi (Perú)
2 poesía		**b** Cristobal Balenciaga (España)
3 danza		**c** Tatiana Bilbao (México)
4 teatro		**d** Pablo Neruda (Chile)
5 artesanía		**e** Gabriel García Márquez (Colombia)
6 arquitectura		**f** Frida Kahlo (México)
7 escultura		**g** Pedro Mercedes (España)
8 pintura		**h** Javier Daulte (Argentina)
9 fotografía		**i** Manuel de Falla (España)
10 moda		**j** Alicia Alonso (Cuba)
11 novela		**k** Tomás Munita (Chile)

4 Busca información sobre cada uno de los artistas que aparecen en la lista e identifica sus obras más famosas o conocidas.

____

____

____

____

____

____

____

Enfoques de aprendizaje

Habilidades de pensamiento y de indagación

Busca información sobre las distintas clasificaciones del arte a lo largo de los siglos: Prehistoria, Arte clásico, Arte medieval, Arte moderno, Arte contemporáneo. Busca ejemplos de arquitectura, pintura, escultura, literatura, etc.

Compara tus hallazgos con las de los compañeros y analicen las distintas categorías.

____

____

____

TDC

¿De qué depende la interpretación del arte en relación con nuestro conocimiento?

¿Por qué puede el arte variar tanto?

¿Por qué los cánones de belleza pueden modificarse?

Práctica de comprensión de lectura (Prueba 2)

Texto A: Características del arte (texto visual)

Vas a ver un video sobre el arte.

Preguntas de comprensión

1 Completa los espacios en blanco. Usa un máximo de cinco palabras por espacio.

a Podemos saber que es, pero ¿______________________________?

b Con el arte se busca conseguir un grado de belleza que a la vez ______________ ______________________ de una persona en su proceso de creación.

c La persona que hace arte se denomina artista y lo que crea se denomina obra de arte. El arte hace evidente ______________________ del artista.

d Algunas personas toman el arte como profesión y estudian teorías y técnicas precisas y elaboran un arte ______________________.

e Este arte se encuentra en lugares como museos, teatros, salas de conciertos. ______________________ arte académico.

f También encontramos arte ______________________, obras de amigos, vecinos, o tal vez nuestras.

g Ese tipo de arte lo aprendemos ______________________, o con ayuda de alguien con experiencia.

h Aparece en las calles o en nuestros hogares. Se le conoce como ______________.

2 Decide si las siguientes oraciones son verdaderas o falsas y justifícalo con elementos del video.

a El arte popular excluye a los artesanos. V ☐ F ☐

Justificación ______________________

b Solo el arte académico tiene valor artístico. V ☐ F ☐

Justificación ______________________

____

c Una de las diferencias entre el arte popular y el académico es aquello de lo que se nutre. V ☐ F ☐

Justificación ______________________

____

d Solo es posible crear arte académico si se tiene una preparación teórica. V ☐ F ☐

Justificación ______________________

____

Consejos para el examen

En los textos visuales la información necesaria para responder a las preguntas aparece en pantalla. Por lo tanto es recomendable mirar antes las preguntas impresas, como punto de partida para saber la información que debe captarse al ver el video.

3 "Los cultos están familiarizados con la teoría del arte, los profanos con el placer que el arte proporciona." (Quintiliano). Explica con tus palabras la cita anterior de Quintiliano, y expresa tu acuerdo o desacuerdo.

___

___

___

___

___

Texto B: Expresión artística

Presentación

El arte expresa una mezcla de emociones, de sentimientos, como belleza, asombro, sorpresa, tristeza; es una forma de comunicarnos con los demás, una manera de expresar nuestra visión del mundo y ponerla en un formato (plástico, corporal, sonoro, lingüístico...) que nos permita compartir esta visión. Algunas obras de arte pueden provocar sentimientos de manera instantánea, mientras que otras dependen del conocimiento y pensamiento del público al que están destinadas. La respuesta a una obra de arte viene condicionada al conocimiento adquirido a través de experiencias personales.

Formas de expresión artística

Las formas de la expresión artística son muchas y diversas. Quizá las más conocidas sean la pintura, la escultura, la música, la narrativa, el teatro y el cine, pero también la fotografía, el grabado, el diseño, la arquitectura, las artes gráficas o el arte corporal (y muchas más) forman parte de la expresión artística. Además, dentro de cada expresión artística hay muchos elementos, como los materiales o formas utilizados. Si hablamos del teatro, los elementos de apreciación artística incluyen la obra y el espectador como sus elementos principales. Si nos referimos a la pintura, tendremos que tener en cuenta los colores y las texturas. En el caso de la escultura las formas son un elemento fundamental (formas abstractas o figurativas, por ejemplo). En el caso de la música, los ritmos, los acordes, la lírica, son los elementos que van a darle forma.

Técnicas y temas

Las técnicas consisten en los procedimientos en que los materiales son utilizados por el artista, en los que este se suele especializar. Son las herramientas que permiten desarrollar la capacidad artística. Las posibilidades de materiales para desarrollar diversas técnicas son innumerables.

Cada forma de arte tiene sus propias técnicas. Por ejemplo, en pintura está el óleo, la acuarela, el temple o el pastel. En música la armonía, la polifonía o los adornos musicales. Y en dibujo el carboncillo, el lápiz o el pincel.

También los temas son parte importante de la expresión artística pues son los que van a dar lugar a los distintos géneros artísticos y que firmemente van a definir al artista. Por ejemplo, en el caso de la pintura algunos de los temas son figurativos o pueden ser más concretos como los retratos, los paisajes, los animales o las flores. Pero también hay géneros musicales, cinematográficos o literarios (la poesía, el ensayo, la ficción, etc.).

Expresión artística en los niños

Y, por supuesto, no hay que dejar de lado la importancia que tiene el arte en bebés y niños pequeños. Si antes hemos afirmado que el arte es una forma de expresión y de comunicación, ahora podemos decir que el arte en los niños pequeños va a ser una herramienta fundamental para su desarrollo emocional y social. Cuando el niño coge por primera vez un lápiz (antes de saber escribir) y se pone a hacer garabatos en un papel, no hace falta nada más que preguntarle qué ha dibujado para que nos conteste que es una casa, con un perro y un papá. Cuando empieza a jugar con la plastilina, moldea cosas que él tiene en su mente y que luego nos explica. La expresión artística en los niños también ayuda a que se expresen y desarrollen su capacidad de comunicación no verbal, por lo que fomenta la interacción entre padres e hijos.

Preguntas de comprensión

1 Basándote en el párrafo *Presentación*, elige las respuestas correctas y márcalas en las casillas en blanco.

a ¿Cuál es el objetivo del arte?

☐

A Enfadar al público.
B Provocar diversidad de sensaciones.
C Incrementar el conocimiento.

b La respuesta a una obra de arte, depende...

☐

A exclusivamente de las experiencias personales.
B del tipo de público al que se destina esa obra de arte.
C de varios factores, entre ellos la comprensión del arte en general.

2 Elige las cuatro oraciones verdaderas basándote en el párrafo, *Formas de expresión artística.* Escribe las letras de las opciones correctas en las casillas en blanco.

☐ ☐ ☐ ☐

A Hablando de teatro, lo fundamental es el público y la obra.
B Hablando de teatro, solo cuenta la representación.
C En el caso de la escultura, no cuenta la profundidad.
D En el caso de la escultura, lo que cuenta son las formas.
E Hablando de pintura, el color y la textura tienen un papel predominante.
F Hablando de pintura, solo cuenta el tipo de papel usado.
G En el caso de música no cuenta el elemento lírico.
H En el caso de la música el ritmo es muy importante.

3 Basándote en el apartado *Técnicas* y *temas*, encuentra las palabras que signifiquen:

a técnicas ______________________

b utensilios______________________

c ilimitado ______________________

d alegóricos______________________

4 Basándote en el párrafo *Expresión artística en los niños*, contesta a las siguientes preguntas.

a ¿Cómo ayuda el arte en el desarrollo de los niños?

b ¿Qué dos expresiones artísticas infantiles se mencionan en el texto?

c ¿Qué permite desarrollar la expresión artística en los niños además de su lenguaje?

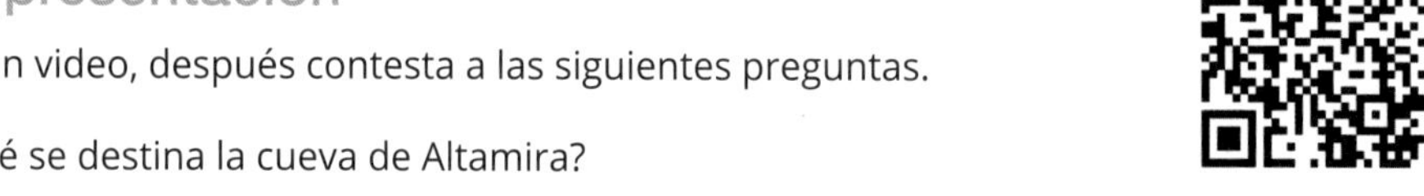

Práctica de comprensión auditiva (Prueba 2)

Texto A: La cueva de Altamira — breve presentación

Vas ver un video, después contesta a las siguientes preguntas.

1 ¿A qué se destina la cueva de Altamira?

2 ¿Cómo fue pintado el gran techo?

3 ¿Cuántos años tienen las pinturas más antiguas?

4 ¿Cómo se conocía a Altamira en un principio?

5 ¿Por cuáles animales fue ocupada después?

6 ¿Con qué material fueron dibujadas las figuras?

7 ¿Qué animales representan?

8 ¿Cómo se consideró el hallazgo de Altamira?

9 ¿Con qué se equipara Altamira?

10 ¿De qué colores fueron pintados los bisontes?

11 ¿Qué crea la sensación de policromía?

Consejos para el examen

En las respuestas donde se piden listas de palabras (preguntas 7 o 14 por ejemplo) no es necesario escribir todas las que se mencionan en el video; con citar tres, a veces cuatro, es suficiente para comprobar el nivel de comprensión.

12 ¿Qué les da a las pinturas un volumen real?

____

13 ¿Cuándo abandonaron la cueva de Altamira sus habitantes?

____

14 ¿Qué objetos dejaron en la cueva?

____

15 ¿Qué cerró el acceso a la cueva?

____

Texto B: ¿Qué es el arte?

Vas a ver un video sobre el arte. Completa los espacios en blanco con la información que facilita el video.

Preguntas de comprensión

1 Si los artistas hacen cosas trascendentes decimos que son ______________ .

2 Si hacen cosas sin pretensión decimos que son ______________ .

3 ¿Están los artistas contemporáneos a la altura de las ______________ ______________ ?

4 ¿Están los amantes del arte a la altura de lo que el arte ______________ ?

5 El arte es el intento del hombre por alcanzar lo ______________ .

6 Escribe las tres expresiones con lo que esperamos del arte.

a ______________

b ______________

c ______________

7 Los artistas son aquellos con poder para ______________ .

8 Puede que los artistas no estén ______________ .

9 Si no encontramos todas estas cosas ______________ .

Gramática en contexto

Adjetivos derivados de verbos

Escucha la definición de arte que se hace en el video y mira la tabla (en orden alfabético) que viene a continuación, después complétala con los adjetivos que se mencionan.

Ejemplo: *Es el intento del hombre por alcanzar lo inalcanzable.*

El sufijo "-ble" añade el significado de "que puede ser", por ejemplo: *alcanzable, que se puede alcanzar*. El prefijo "in-", sirve para formar el opuesto. Por lo tanto, *inalcanzable, que no se puede alcanzar*.

Los adjetivos negativos de los verbos que empiezan por "p" cambian el prefijo a "im-", y los que comienzan por "r" lo cambian a "irr-".

Existen además adjetivos irregulares como "inaudito", "incognoscible", "inefable" o "inmarcesible".

Completa la tabla deduciendo los adjetivos negativos. Fíjate en los irregulares.

Verbo	Sufijo	Adjetivo	Prefijo	Adjetivo
abarcar	-ble	abarcable	in-	
alcanzar	-ble	alcanzable	in-	
calcular	-ble	calculable	in-	
comprender	-ble	comprensible	in-	
concebir	-ble	concebible	in-	
conocer	-ble	cognoscible	in-	
confesar	-ble	confesable	in-	
contemplar	–		in-	
creer	-ble	creíble	in-	
cuestionar	-ble	cuestionable	in-	
descifrar	-ble	descifrable	in-	
describir	-ble	descriptible	in-	
destruir	-ble	destructible	in-	
enmarcar	–		in-	
escuchar	–		in-	
evitar	-ble	evitable	in-	
explicar	-ble	explicable	in-	
expresar	-ble	expresable	in-	
igualar	-ble	igualable	in-	
imaginar	-ble	imaginable	in-	
imitar	-ble	imitable	in-	
narrar	-ble	narrable	in-	
oir	–		in-	
perdonar	-ble	perdonable	im-	
perturbar	-ble	perturbable	im-	
prescindir	-ble	prescindible	im-	
remediar	-ble	remediable	i-	
reparar	-ble	reparable	i-	
repetir	-ble	repetible	i-	
representar	-ble	representable	i-	
resolver	-ble	resoluble	i-	
someter	–		in-	
soportar	-ble	soportable	in-	
sostener	-ble	sostenible	in-	
superar	-ble	superable	in-	
tocar	-ble	tocable	in-	
traspasar	–	traspasable	in-	
ver	-ble	visible	in-	

Busca el significado de los verbos que no conozcas. Después escribe oraciones donde incluyas estos verbos.

___

___

___

___

___

___

___

___

___

___

Texto C: El nuevo boom del arte latino

Vas a ver un video sobre el arte latino. Contesta a las siguientes preguntas de acuerdo con el video.

1 En las dos casillas marca la letra del precio mínimo y el máximo que ofrecen las personas entrevistadas por la primera obra de arte, de la brasileña Beatriz Milhazes.

Max ☐ Min ☐

A 13
B 30
C 50
D 3.000
E 5.000
F 30.000

2 ¿Y por la segunda obra, de Adriana Varejão? Marca la letra del precio mínimo y el máximo en las dos casillas.

Max ☐ Min ☐

A 5
B 50
C 100
D 5.000
E 10.000
F 50.000

3 ¿Cómo se llama la primera obra y por cuánto se vendió?

---

4 ¿Y cómo se llama la segunda obra, y por cuánto se vendió?

---

5 Relaciona la nacionalidad con cada uno de los pintores mencionados:

1 argentino		**a** Ernesto Neto
2 colombiano		**b** Carlos Cruz-Diez
3 brasileño		**c** Fernando Botero
4 venezolano		**d** Leon Ferrari

6 ¿Por cuánto se vendió la obra de Frida Kahlo, *Raíces*?

---

7 ¿Cómo se llama la obra pictórica que ha sido vendida por más dinero entre los artistas latinoamericanos?

---

8 ¿A cuánto asciende la venta en dólares de las obras latinoamericanas de las casas de arte más importantes?

---

9 ¿Qué ocurrió en Brasil cuando hubo crisis en los mercados del arte?

---

10 ¿A quiénes han contratado los principales museos?

---

11 ¿Qué trabajo realizan estos expertos?

---

12 ¿Por qué están interesados los inversionistas?

---

13 ¿Cuál era el precio de una obra de Ariana Varejão hace 10 años?

---

14 ¿Cuál es su valor hoy?

---

15 ¿Qué era imposible anticipar hace unos años?

16 ¿Qué explica la explosión de interés en el arte latinoamericano?

17 ¿Qué otras razones se mencionan?

18 ¿Cómo ha influido la economía en el interés por el arte?

19 ¿Cómo se comportan las naciones emergentes en el mercado del arte?

Para ir más lejos

Averigua información sobre los pintores mencionados en el texto:

- ¿A qué movimiento pictórico pertenecen?
- ¿Qué características tienen sus pinturas?
- ¿Cómo ha evolucionado su obra pictórica?

Práctica de expresión escrita (Prueba 1)

250–400 palabras NM

450–600 palabras NS

Tu instituto ha decidido organizar un concurso de dibujo y pintura y tú eres el encargado de asegurar que la comunidad escolar recibe toda la información necesaria para este evento. Escribe un texto donde indiques dónde y cuándo tendrá lugar el concurso, los requisitos para participar, cómo presentar las obras y cómo contactar con la organización. Elige entre las opciones dadas un tipo de texto apropiado para la tarea.

Correo electrónico	Folleto	Discurso

Antes de elegir el formato, ten en cuenta:

- cuál es más adecuado para la tarea
- cuál es el contexto
- cuál es el propósito del texto
- quién es el receptor
- cómo deben ser el tono y el registro

Práctica de comprensión de lectura (Prueba 2)

Texto A: Texto literario: *El paraíso en la otra esquina* NS

Punto de información

Mario Vargas Llosa es un escritor, político y periodista peruano (Arequipa 1936) galardonado con el Premio Nobel de Literatura en el año 2010. Es uno de los autores más notables de Latinoamérica y está considerado como uno de los líderes literarios de su generación (el boom latinoamericano).

El fragmento que se ofrece seguidamente pertenece a su novela *El paraíso en la otra esquina* donde se narran las experiencias pictóricas del artista francés Paul Gauguin (Koke) durante su estancia en Tahití.

Sí: éste era un verdadero cuadro de salvaje. Lo contempló con satisfacción cuando le pareció terminado. En él, como en la mente de los salvajes, lo real y lo fantástico formaban una sola realidad. Sombría, algo tétrica, impregnada de religiosidad, de vida y de muerte. La mitad inferior era objetiva, realista; la superior, subjetiva e irreal, pero no menos auténtica que la primera.

En la parte inferior, la niña, un altar humano sobre el cual oficiar una ceremonia bárbara, en homenaje a un diosecillo pagano y cruel. Y, en la parte superior, el fantasma, que, en verdad, era más tuyo que tahitiano, Koke. No se parecía a esos demonios con garras y, colmillos de dragón que describía Moerenhout. Era una viejecita encapuchada, como las ancianas de Bretaña, siempre vivas en tu recuerdo, mujeres intemporales que, cuando vivías en Pont-Aven o en Le Pouldu, te encontrabas por los caminos del Finisterre. Daban la impresión de estar ya medio muertas, afantasmándose en vida.

Pertenecían al mundo objetivo, si era preciso hacer una estadística, el colchón negro retinto como los cabellos de la niña, las flores amarillas, las sábanas verdosas de corteza batida, la almohada verde pálida y la almohada rosa cuyo tono parecía haber contagiado el labio superior de la chiquilla. Este orden de la realidad tenía su contrapartida en la parte superior: allí las flores aéreas eran chispas, destellos, bólidos fosforescentes e ingrávidos, flotando en un cielo malva azulado en el que los brochazos de color sugerían una cascada lanceolada.

La fantasma, de perfil, muy quieta, apoyaba la espalda en un poste cilíndrico, un tótem de formas abstractas finamente coloreadas, con tonos rojizos y un azul vidriado. Esta mitad superior era una materia móvil, escurridiza, inaprensible que, se diría, podía desvanecerse en cualquier instante. De cerca, la fantasma lucía una nariz recta, labios tumefactos y el gran ojo fijo de los loros. Habías conseguido que el conjunto tuviera una armonía sin cesuras, Koke. Emanaba de él la música del toque de difuntos. La luz transpiraba del amarillo verdoso de la sábana y del amarillo, con celajes naranja, de las flores.

-¿Qué nombre le debo poner? -preguntó a Teha'amana,

Mario Vargas Llosa

Preguntas de comprensión

1 Basándote en el primer párrafo, contesta a lo siguiente.

a ¿Cómo califica Gauguin (Koke) el resultado de su cuadro?

____

b ¿Qué expresión indica que estaba contento con su obra?

____

c ¿En que se asemeja el cuadro a la mente de los salvajes, según el texto?

____

d Señala las palabras opuestas que aparecen en las tres últimas líneas.

Ej.: *religiosa (de religiosidad)*	*sombría/tétrica*

2 Basándote en el segundo párrafo, elige las opciones correctas y márcalas en las casillas en blanco.

a La parte inferior de la obra presenta...

☐
A un dios pagano y cruel que acepta el sacrificio.
B una figura humana ofrecida en sacrificio.
C una ceremonia bárbara a un dios pagano.

b El fantasma de la parte superior se parece...

☐
A a una vieja con capucha de la Bretaña.
B a un demonio con dientes de dragón.
C a un dragón con garras afiladas.

c La impresión que causaban a Gauguin las mujeres ancianas que recordaba...

☐
A era semejante a la de los fantasmas.
B era de muertas vivientes.
C era de mujeres típicas del Finisterre.

3 Basándote en el tercer párrafo, elige si los enunciados son verdaderos o falsos y justifica tu respuesta con elementos del texto.

a El cabello de la niña tenía el mismo color que el colchón. **V** ☐ **F** ☐

Justificación ____________________

____

b El tono de la almohada era más oscuro que los labios de la niña. **V** ☐ **F** ☐

Justificación ____________________

____

c Las flores aéreas de la parte superior se asemejaban al fuego. **V** ☐ **F** ☐

Justificación ____________________

____

d Las pinceladas de color eran parecidas a las llamas. **V** ☐ **F** ☐

Justificación ____________________

____

4 Basándote en el último párrafo, indica el significado de las siguientes palabras o expresiones:

a poste cilíndrico de formas abstractas (típico de la Polinesia) ____________________

b desaparecer en un momento ____________________

c hinchados, inflamados ____________________

d pausa, interrupción ____________________

e aspectos del cielo ____________________

Enfoques de aprendizaje

Habilidades sociales y de investigación

Busca imágenes de diferentes cuadros de Paul Gauguin y comprueba si la descripción que hace el texto de la pintura se corresponde a la realidad.

Elige dos cuadros y trata de describirlos utilizando planos (superior/inferior), formas, fondos, objetos, volúmenes y colores.

Después se hará una presentación en clase.

Para ir más lejos

Te aconsejamos acercarte a la obra de Vargas Llosa: *La ciudad y los perros*, *La tía Julia y el escribidor*, *Las travesuras de la niña mala* u otras obras que puedas encontrar.

Investiga en qué consistió el boom latinoamericano, cuáles son los autores más populares y qué caracteriza su obra.

Consejos para el examen

Los textos literarios emplean un tipo de lenguaje con recursos de estilo que, a veces, pueden dificultar su comprensión. En la última serie de preguntas del texto, se piden sinónimos que incluyen este tipo de palabras. Se aconseja encontrar la oración donde pueda incluirse esa palabra y deducirla contextualizando y aplicando el significado de la palabra propuesta para comprobar que son, o pueden ser, sinónimos.

Oral (evaluación interna)

NM

Descripción de un estímulo visual

Contextualizar dentro del área temática al que pertenezca

Descripción de imágenes

Tiempo de preparación: 15 minutos

Describe estas fotografías: ¿Qué es importante? ¿Quiénes están? ¿Dónde están? ¿Qué sacas en conclusión?

Explica el contenido de la fotografía en el contexto del arte y expresiones artísticas.

Indica tus opiniones ilustrándolas con ejemplos y justificándolas.

3.2 TECNOLOGÍA E INNOVACIÓN CIENTÍFICA

V

Ciencia: rama del saber humano constituida por el conjunto de conocimientos objetivos y verificables sobre una materia determinada que son obtenidos mediante la observación y la experimentación, la explicación de sus principios y causas y la formulación y verificación de hipótesis y se caracteriza, además, por la utilización de una metodología adecuada para el objeto de estudio y la sistematización de los conocimientos

Tecnología

1 Conjunto de los conocimientos propios de una técnica.
2 Conjunto de instrumentos, recursos técnicos o procedimientos empleados en un determinado campo o sector.

Para empezar

Actividad 1: Ciencia y tecnología

Leyendo las definiciones que aparecen a la izquierda se puede deducir la importante relación que existe entre la ciencia y la tecnología. La ciencia, considerada como conjunto de conocimientos objetivos, precisa de la tecnología para desarrollar este conocimiento gracias a los recursos técnicos o procedimientos empleados en su estudio. De igual forma la tecnología necesita el progreso de la ciencia para facilitar su avance. La tecnología sistematiza el conocimiento científico y permite la práctica de la experimentación y verificación de hipótesis. Por lo tanto la relación de estas dos áreas es de interdependencia ya que el avance de una favorece el de la otra.

1 ¿Para qué precisa la ciencia de la tecnología?

____

2 ¿Y la tecnología de la ciencia?

____

3 ¿Cómo influye la tecnología para transmitir el pensamiento científico?

____

4 ¿Cuál es, entonces, la relación de estas dos áreas?

____

Actividad 2: Influencia de la ciencia y la tecnología

1 ¿Qué significado tiene la ciencia para ti?

____

____

2 ¿Y la tecnología?

____

____

3 ¿Cómo influyen en tu vida diaria?

____

____

4 ¿Estás de acuerdo con que la ciencia y la tecnología tienen una relación de interdependencia? Justifica tu respuesta.

____

____

____

____

5 Después de responder a estas preguntas, discute tus respuestas con las de un compañero.

Práctica de comprensión de lectura (Prueba 2)

Texto A: Relación entre ciencia y tecnología

Hablar de ciencia generalmente nos hace pensar también en tecnología, ya que son actividades muy fuertemente unidas al progreso de las civilizaciones. El ser humano busca incesantemente conocer de manera lógica y racional las maravillas y prodigios que lo rodean de una manera científica; es decir basándose en la ciencia. Esta cosquilla del hombre por conocer lo que le rodea lo lleva a desear modificar su entorno explorando otras alternativas para complacer y cumplir sus necesidades. El ser humano es conducido a desarrollar tecnología dirigido por su voluntad de crear y construir; teniendo como resultado todos aquellos bienes y servicios así como desarrollos, técnicas y procedimientos.

La ciencia no es una acción individual; es una acción de naturaleza compleja con diversas aristas y dimensiones, por medio de la cuales se pueden obtener conocimientos que se elaboran de una forma específica aunados al avance de la tecnología.

Ciencia y tecnología

Además, la ciencia se vincula a otros contextos como el cultural, social e histórico, formando parte del patrimonio cultural de una sociedad.

Fue Galileo Galilei quien creó los fundamentos de imparcialidad y neutralidad del conocimiento científico basándose en el método experimental proponiendo la observación empírica como método primordial de la investigación científica y las fórmulas matemáticas para enunciar las leyes de la física.

Investigación: diligencias necesarias para descubrir algo

Desarrollo: acción de llevar a cabo un proyecto

Método: modo ordenado de actuar para llegar a un resultado

Empírico: basado en la experiencia y observación de los hechos; responde a una necesidad práctica y permite resolver situaciones que se repiten

Fórmula: expresión breve y precisa que representan compuestos químicos. Por ejemplo "H_2O es la fórmula del agua"

Leyes: proposiciones científicas que afirman la relación entre dos o más variantes o valores. Por ejemplo, las leyes de la termodinámica que relacionan la cantidad de calor con el trabajo o la energía

Análisis: examen detallado de algo para conocer sus características

Hipótesis: suposición hecha a partir de unos datos

El método científico se fundamenta en el análisis de los acontecimientos para establecer leyes que los determinen, asi como la formulación de hipótesis para demostrar los hechos observados y la verificación de las hipótesis mediante la experimentación y el análisis.

La tecnología se genera en el momento en que la ciencia y la observación empírica se unen para dar lugar a la sistematización de los métodos de producción , siempre dentro de un ámbito socio-cultural y económico. La tecnología evoluciona a partir de observar los problemas de la sociedad y buscar la resolución de los mismos de acuerdo con la estructura social, económica y cultural del entorno. En otras palabras, el objetivo de la tecnología es satisfacer las necesidades sociales en todos los ámbitos complementándose con el conocimiento científico.

La ciencia y la tecnología se diferencian en cuanto a que la primera evoluciona mediante la explicación de las causas de los fenómenos, mientras que la segunda lo hace a partir de la invención, perfeccionamiento y mejora de objetos, procedimientos, técnicas y manufacturas.

Preguntas de comprensión

1 Basándote en el primer párrafo, contesta a las siguientes preguntas.

a ¿A qué están fuertemente unidas la ciencia y la tecnología?

___

b ¿Qué lleva al hombre a conocer lo que lo rodea de manera científica?

___

c ¿En qué se basa esta búsqueda?

___

d ¿Cómo quiere el hombre modificar su entorno?

___

e ¿Qué conduce al hombre hacia la tecnología?

___

f ¿Cuáles son los cinco resultados de la tecnología?

___

2 Basándote en los párrafos 2 y 3, elige las tres ideas que aparecen en el texto. Escribe las letras de las opciones correctas en las casillas en blanco.

☐ ☐ ☐

A A través de la ciencia se adquiere el conocimiento.
B La ciencia es una actividad puramente tecnológica.
C El conocimiento se une al avance tecnológico.
D La ciencia se encuentra aislada de la sociedad.
E La ciencia forma parte de los bienes culturales.
F El conocimiento científico tiene límites tecnológicos.

3 Basándote en el cuarto párrafo, completa la frase: "Según Galileo el método experimental propone..."

a la observación empírica como método primordial de ___

b las fórmulas matemáticas para enunciar___

___

4 Indica los tres pasos en los que se basa el método científico:

a ____

b ____

c ____

5 Basándote en los párrafos 6 y 7, decide si los enunciados son verdaderos o falsos y justifica tu respuesta con elementos del texto.

a La tecnología surge cuando se unen los métodos empíricos con la ciencia. **V** ☐ **F** ☐

Justificación ____

b Los métodos de producción se programan para el bienestar social. **V** ☐ **F** ☐

Justificación ____

c La tecnología no puede complementarse con la ciencia. **V** ☐ **F** ☐

Justificación ____

6 Basándote en el último párrafo, explica en qué se diferencian la ciencia y la tecnología.

a La ciencia ____.

b La tecnología ____

____.

Texto B: Entrevista a cuatro científicas por alumnos del Instituto Público Príncipe de Asturias

El 11 de febrero se celebra en todo el mundo el Día Internacional de la Mujer y la Niña en la Ciencia. Esta fecha, proclamada por las Naciones Unidas en el año 2015, pretende promover el acceso y la plena participación de las mujeres y las niñas en la ciencia, así como visibilizar el trabajo de las científicas y fomentar la vocación investigadora en las niñas a través de la creación de roles femeninos. El Centro Nacional de Biotecnología del Consejo Superior de Investigaciones Científicas (CNB-CSIC) ha querido unirse a la iniciativa con una actividad que pretende servir de punto de encuentro entre los alumnos del Instituto Príncipe de Asturias (Campus de Cantoblanco, Madrid) y cuatro investigadoras del centro.

Con el apoyo del programa "España Vuelta y Vuelta" de RNE, los alumnos se convirtieron en verdaderos reporteros y pudieron entrevistar a las científicas participantes en la actividad: **Susanna Manrubia** (física con interés en evolución de los seres vivos y las moléculas), **Carmen Simón** (bióloga especializada en virus y plantas), **Silvia Hormeño** (biofísica interesada en descubrir cómo se empaqueta el ADN dentro de la célula) y **Ana Cuenda** (biomédica experta en cáncer y procesos inflamatorios), dieron respuesta a la curiosidad de los más de 40 alumnos que participaron en este evento.

Estas son algunas de las preguntas y las respuestas que se escucharon ese día:

P1: Silvia, ¿Tiene color la molécula del ADN?

Silvia: ¡Qué pregunta tan difícil! Bueno el ADN es tan pequeño que no lo podemos ver a simple vista, así que podemos decir que no tiene color. Eso sí, a veces para poder observarlo en el microscopio lo teñimos de colores con diferentes tintes.

P2: Susanna, ¿por qué estudiaste física si te gustaba más la biología?

Susanna: Bueno, ¡en realidad me gustaban las dos cosas! Estuve dudando entre estudiar física o biología. Al final me decidí por la física porque me fascinaba la astronomía. A veces no se puede hacer todo porque no hay tiempo. Hay que elegir y eso puede significar dejar de lado cosas que también te gustan. De todas formas yo tuve suerte, pude combinar mis dos pasiones: soy física y trabajo en temas relacionados con la biología.

P3: Carmen, ¿cómo se puede saber que un árbol está infectado por un virus?

Carmen: Yo trabajo con árboles frutales. **Cuando les afecta** el virus de la sharka los frutos se estropean y en las hojas se puede ver la infección a simple vista porque se arrugan y las venas cambian de color. Pero a veces, la infección no provoca síntomas **que se puedan ver** a simple vista y por eso utilizamos técnicas de biología molecular **que nos ayudan** a comprobar si los árboles sin síntomas están infectados.

P4: Ana, ¿cómo se produce el cáncer?

Ana: Hay diferentes factores que pueden dañar nuestro ADN. Cuando esto ocurre se producen mutaciones, nuestras células dejan de funcionar bien, y aparece un tumor. Uno de estos factores es la luz UV, por eso no es bueno abusar del sol, especialmente si no te has aplicado protección solar.

P5: ¿Creéis que hubiera sido más fácil llegar a ser un buen científico si hubierais sido hombres?

Susanna: Personalmente, ninguna de nosotras hemos sentido ningún problema. Pero es verdad que hay menos mujeres que hombres en investigación de alto nivel. Pero lo pueden hacer exactamente igual los hombres y las mujeres: para ser científico solo hace falta ser curioso, hacerse preguntas, trabajar duro y perseverar.

Preguntas de comprensión

1 Basándote en la introducción, responde a lo siguiente:

a ¿Cuándo se celebra el Día Internacional de la Mujer y la Niña en la Ciencia?

b ¿Qué tres objetivos tiene esta celebración?

i ____________________________

ii ____________________________

iii ____________________________

c ¿En qué consiste la actividad programada por el CNB-CSIC en el instituto?

____

____

2 Basándote en el párrafo 2, completa la información con elementos del texto propuestos en la segunda columna. Escribe las letras en las casillas en blanco.

Susanna... ☐

Carmen... ☐

Silvia... ☐

Ana... ☐

A es bióloga molecular
B es física de evolución molecular
C es bioquímica ambiental
D es especialista en virus de plantas
E es biofísica genética
F es física nuclear
G es doctora en medicina
H es bióloga médica

3 Basándote en la respuesta de Silvia, indica el significado de las siguientes palabras o expresiones:

a de una mirada, superficialmente ________________

b sustancia que sirve para cambiar el color ________________

4 Basándote en la respuesta de Susanna, decide si los enunciados son verdaderos o falsos y justifica tu respuesta con elementos del texto.

a A Susanna le gustaba más la física que la biología. **V** ☐ **F** ☐

Justificación ________________

____

b Eligió física porque le entusiasmaba el estudio de las estrellas. **V** ☐ **F** ☐

Justificación ________________

____

c Susanna se siente afortunada al poder combinar sus dos pasiones. **V** ☐ **F** ☐

Justificación ________________

____

5 Basándote en la respuesta de Carmen, identifica las palabras en **negrita** en el texto de Carmen y completa la tabla.

En las expresiones...	la palabra...	se refiere a...
cuando **les** afecta el virus	les	
que **se** puedan ver	se	
que **nos** ayudan	nos	

Consejos para el examen

En las actividades donde debe identificarse a qué o a quién se refieren los pronombres señalados debe tenerse en cuenta que el pronombre siempre concuerda en género y número con su antecedente. Así pues "la" solo podrá referirse a un sustantivo femenino y singular.

6 Basandote en la respuesta de Ana, ¿qué tres fenómenos ocurren cuando se daña el ADN?

a ________________________________

b ________________________________

c ________________________________

7 Indica un factor que pueda provocar cáncer.

____

8 Basándote en la última respuesta, decide las opciones correctas y márcalas en las casillas en blanco.

a Las cuatro investigadoras...

☐
A se han sentido marginadas por ser mujeres.
B siempre han sido aceptadas.
C se sienten felices con su profesión.

b En la investigación científica de alto nivel...

☐
A hay menos hombres que mujeres.
B hay más mujeres que hombres.
C hay más hombres que mujeres.

c Para ser científico es necesario...

☐
A tener curiosidad y trabajar mucho.
B cuestionarse la realidad.
C ser curioso e intuitivo.

Gramática en contexto

El pronombre "se"

1 Pronombre reflexivo de tercera persona en singular y plural

Ej. *El científico* ***se*** *emocionó al recibir el premio.*
Los científicos ***se*** *emocionaron al recibir el premio.*

2 Pronombre de complemento (objeto) indirecto en oraciones con doble pronombre

Ej. *El director le entregó el premio al inventor:* ***Se*** *lo entregó.*

3 Pronombre de sujeto en oraciones de impersonales (colectivas o anónimas)

Ej. ***Se*** *dice que hay crisis.*

"Se" identifica a todo el mundo (colectivo) o a cualquier persona (anónimo). En ambos casos siempre aparece el verbo en singular.

Ej.: ***Se*** *cree que los avances científicos ayudan a la humanidad.* "Se" en este caso es colectivo ya que representa a "todo el mundo".

Se *investiga en este laboratorio.* Se, aquí representa a "cualquiera" que trabaje en el laboratorio.

4 Pronombre pasivo reflejo. Añadir se convierte en reflexivo a un verbo que no lo es para explicar una acción pasiva donde el sujeto (quien realiza la acción) carece de importancia.

Ej. *La explosión destruyó varios edificios:* ***Se*** *destruyeron varios edificios (por la explosión).* En este caso la importancia cae sobre la destrucción y no por lo que la causó.

Escribe cinco oraciones donde utilices el pronombre **"se"** en sus diferentes funciones:

Pronombre reflexivo

____

Pronombre de complemento indirecto

____

Pronombre de sujeto (colectivo)

____

Pronombre de sujeto (anónimo)

____

Pronombre pasivo reflejo

____

Texto C: El siglo XXI comienza con grandes avances científicos

Llevamos ya cuatro lustros del nuevo siglo (un nuevo milenio también) y estos primeros 20 años transcurridos nos han dejado ya innumerables hallazgos y avances en campos como la neurociencia, la física, la medicina, la paleontología o la astronomía. Veamos algunos de los más destacados gracias al asesoramiento de importantes científicos:

Hallazgo de agua en Marte

Durante años el ser humano ha estado intentando descubrir la existencia o no de agua en este planeta.

En junio de 2008, la NASA confirmó algo que todos los científicos ya intuían: había agua en Marte. Posteriormente, fueron científicos italianos los que, en julio de 2018 afirmaron la existencia de un lago subglacial en Marte, debajo del casquete glacial y de aproximadamente 20 km de extensión. Fue ésta la primera vez que se confirmaba la existencia de una extensión de agua estable en el planeta. Actualmente, si bien se cree que puede existir algo de agua en estado líquido, se sabe con certeza que la mayoría de agua está presente en forma de hielo.

El Proyecto Genoma Humano

El Proyecto Genoma Humano fue un proyecto de investigación científica internacional cuyo objetivo era identificar los genes que componen el genoma humano a partir de la secuencia de bases que componen el ADN. El proyecto comenzó en 1999, con una dotación económica de 3.000 millones de dólares y bajo la dirección del doctor Francis Collins, que tenía a su cargo a un gran equipo de científicos de multitud de países.

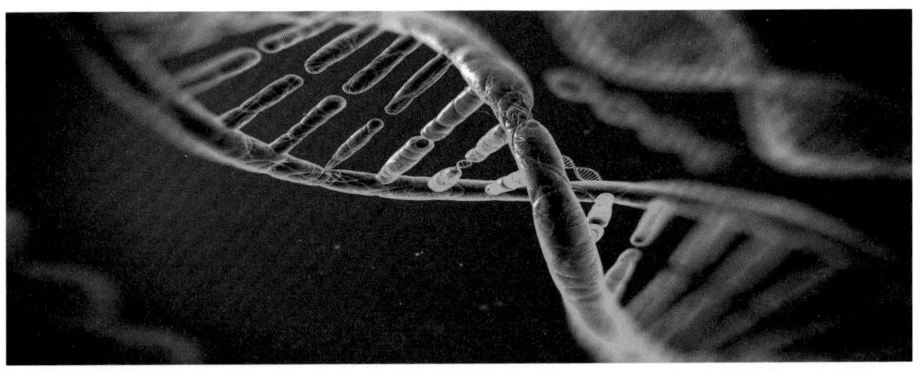

En julio de 2016 se completó, por fin, la secuencia del genoma humano aunque todavía no se conoce la función de toda esta secuencia.

Sin embargo, este avance resulta fundamental en los estudios de biomedicina y genética clínica para desarrollar el conocimiento de enfermedades poco estudiadas, nuevos medicamentos o diagnósticos más fiables.

Nanotecnología

La nanotecnología consiste en la creación y desarrollo de sistemas funcionales a escala molecular cuya magnitud se mide en nanómetros. En un sentido más amplio, se puede decir que la nanotecnología es la capacidad de construir elementos desde lo más pequeño a lo más grande.

Con la nanotecnología se van a poder crear nuevos dispositivos y materiales con multitud de aplicaciones en distintos campos como la física, la química, la biología o la medicina. Pero, como toda nueva tecnología, también tiene su cara oscura que preocupa a los científicos, como la toxicidad e impacto ambiental de los nanomateriales y su potencial efecto sobre la economía global.

Actualmente, sus aplicaciones son muy diversas como en la industria textil (desarrollo de tejidos inteligentes), la agricultura (mejora de suelos), la ganadería (fármacos y vacunas) o la cosmética (cremas).

En un futuro, la nanotecnología tendrá uso también en asuntos tan diversos como el control de plagas, el procesamiento de alimentos, la monitorización de la salud o la informática.

Preguntas de comprensión

1 Basándote en la introducción, responde a lo siguiente:

a ¿Qué palabra indica "periodos de 5 años"? ______

b ¿Cómo indica el texto "numerosos descubrimientos"? ______

c ¿Qué palabra indica "importantes"? ______

d ¿Qué palabra significa "consejo", "ayuda"? ______

2 Basándote en el apartado *Hallazgo de agua en Marte*, contesta a estas preguntas:

a ¿Cuándo se confirmó que había agua en Marte?

______

b ¿De donde procedía el agua?

______

c ¿ En qué estado se encuentra el agua?

______

Para ir más lejos

Haz un listado con las palabras especializadas que se utilizan en el lenguaje científico y busca el significado de las que no conozcas. En muchos casos verás la similitud de estas palabras en diversos idiomas ya que su origen proviene del latín y del griego en su inmensa mayoría.

3 Basándote en el apartado *El Proyecto Genoma Humano*, escoge las tres ideas que aparecen en el texto entre los enunciados que se proponen. Escribe las letras de las opciones correctas en las casillas en blanco.

☐ ☐ ☐

- **A** El genoma humano se descubrió de acuerdo con lo programado.
- **B** El proyecto estaba dotado con un premio millonario.
- **C** La cadena del ADN está constituida por dos moléculas.
- **D** Los cientificos venían de muchos países.
- **E** El hallazgo del genoma constituye un gran avance médico.
- **F** Gracias al genoma humano se han combatido todas las enfermedades.

4 Basándote en el apartado *Nanotecnología*, completa las siguientes oraciones con información del texto (2 o 3 palabras por respuesta):

a La nanotecnología se mide ______________________.

b Esta tecnología tiene aplicaciones muy diversas como en ______________________

______________________.

c Al ser una nueva tecnología también tiene ______________________ como el impacto en el medio ambiente.

d En la industria textil se usa para ______________________

______________________.

e Dentro de un tiempo se usará esta técnica para ______________________.

TDC

Aunque la procedencia del lenguaje científico sea latín o griego, actualmente el lenguaje de la ciencia es el inglés. Prácticamente en todos los idiomas se han admitido anglicismos para denominar fenómenos o procesos.

¿El hecho de que el lenguaje científico sea en inglés tiene impacto en la ciencia en sí?

¿Este hecho puede marginar a los hablantes de inglés no nativos?

¿Cómo sería la ciencia si el lenguaje fuera español?

Para ir más lejos

Después de leer el texto C, se forman grupos para investigar sobre otros avances, por ejemplo el hallazgo de planetas, el descubrimiento de nuevas sustancias o materiales, la resolución de problemas físicos o matemáticos, etc. Cada grupo elige cinco descubrimientos e indaga sobre ellos. A continuación se discute su contenido y se decide cuál ha sido el descubrimiento más importante, tanto en ciencia como en tecnología, del siglo XXI.

Práctica de comprensión auditiva (Prueba 2)

Texto A: La realidad virtual al servicio de la ciencia

Vas a ver un video sobre las identidades sociales y el liderazgo. Completa los espacios en blanco. Usa entre tres y siete palabras por espacio.

1 La Universidad politécnica de Cataluña ha diseñado ______________________

______________________.

2 Esto permite ______________________ como si estuviéramos dentro.

3 Además permite la interacción del usuario ______________________.

4 Según el director del proyecto, estando dentro del modelo se puede comprender mejor

______________________.

5 El proyecto se ofrece ______________________ que quieran probar sus diseños digitales.

6 Se está preparando para la siguiente etapa, ______________________.

7 Conseguir estos resultados necesitará ______________________.

Texto B: Ética en la ciencia y el progreso

Vas a ver un video.

1 Después de escuchar la introducción, elige las opciones correctas y márcalas en las casillas en blanco.

a ¿Qué es la ética?

☐

A Rama de la filosofía que estudia la identidad.
B Parte de la filosofía que estudia los comportamientos.
C Rama de la filosofía que estudia la moral.

b El comportamiento humano se rige por...

☐

A los hábitos y rutinas de conducta.
B costumbres y leyes de la sociedad.
C leyes y sus consecuencias.

c ¿Qué busca la ética?

☐

A No dañar ni lastimar a nadie.
B Procurar dañar a otra persona.
C No dañarse a uno mismo.

2 Basándote en el apartado *La ética y la ciencia*, responde a las siguientes preguntas.

a ¿En qué dos partes se divide la ética y la ciencia?

i ______________________

ii ______________________

b ¿Cómo se define la ciencia en sí?

____

c ¿Qué fenómenos estudia la ciencia en sí?

____

d ¿Cómo se define ciencia y sociedad?

____

e ¿En qué dos partes se divide?

i ______________________

ii ______________________

3 Basándote en el apartado *Servicios de la ética,* completa lo siguiente:

a Cita los tres servicios más importantes de la ética:

i ______________________

ii ______________________

iii ______________________

b Los cinco hábitos de un buen científico son:

i ______________________

ii ______________________

iii ______________________

iv ______________________

v ______________________

Enfoques de aprendizaje

Habilidades sociales y de investigación

Investiga sobre aspectos donde la ciencia pueda estar en conflicto con la ética: clonación humana (reproductiva o terapéutica), diagnósticos genéticos, alimentos transgénicos, armas biológicas, investigación en embriones, etc.

- ¿Qué opinas de estas prácticas?
- ¿Podrían algunas considerarse aceptables? ¿Cuáles?
- ¿Cuáles podrían aceptarse con reservas?
- ¿Cuáles serían inaceptables?

Explica tus razones para justificar las respuestas. Ten en cuenta los cinco hábitos del buen científico que se mencionan en el texto B.

4 Indica por qué es necesaria la ética en la ciencia.

____

____

5 Basándote en el apartado *Ética en el progreso* explica qué es el verdadero progreso:

____

____

Texto C: Texto literario: *Un ser humano invencible, pero…* NS

Año 2500 d.C., la raza humana ha llegado a su cénit. Su conocimiento tecnológico y su desarrollo en ingeniería, medicina, física, química, biología y todas las ciencias sociales la ha convertido en casi intocable.

El hombre, la especie por excelencia que puebla el planeta Tierra, es prácticamente invencible. Controla el campo mediante máquinas que lo proveen de todo lo necesario; controla el clima mediante satélites dispersos por todo el universo; ha llegado a la Luna y a Marte; cura todas las enfermedades que surgen con aparatos sofisticados capaces de detectar inmediatamente cualquier malestar; sus hijos nacen con una inmunidad adquirida que los defiende de cualquier infección; sus casas aguantan catástrofes naturales que en el pasado las hubieran destruido; sus fábricas funcionan con potentes motores que suministran energía ilimitadamente; sus almacenes están llenos de productos de consumo que no se pudren gracias a condiciones de almacenaje diseñadas especialmente para protegerlos de las condiciones ambientales dañinas; en las casas existe todo tipo de aparatos que facilitan la vida de los habitantes e impiden que tengan que realizar tareas ingratas; nadie pasa hambre ni frío; nadie carece de hogar ni de los básico; todo el mundo puede vivir y no hay pobreza, desigualdad ni guerra.

La Tierra es de los hombres y para los hombres

Pero, no oigo nada mientras escribo esto: no se oye el canto del cuco, no se oye el ladrido de un perro, no se oye el zumbido de una mosca. No, el hombre es el rey, pero está solo.

Para ir más lejos

Después de completar la información del recuadro anterior, se hace una mesa redonda donde se expongan y discutan las opiniones expresadas.

Preguntas de comprensión

Responde a las siguientes preguntas con información del texto:

1 ¿Qué expresión indica que la raza humana ha alcanzado su perfección?

____

2 ¿Qué palabra muestra que nada ni nadie pueden vencer al hombre?

____

3 ¿Cómo es capaz de controlar el clima?

____

4 ¿De qué protege a los niños su inmunidad?

____

5 ¿Qué palabra indica que las fuentes de energía no se agotan nunca?

____

6 ¿Y cuál indica que los alimentos no se estropean?

7 ¿Cómo se define un "trabajo desagradable"?

8 ¿Qué extraña el narrador mientras escribe?

9 ¿Por qué?

Para ir más lejos

1 Identifica en el texto las ventajas que trae al hombre ese modo de vivir.

2 Razona hasta qué punto esa forma de vida es realista.

3 ¿Qué le falta al hombre en su vida diaria?

4 ¿Piensas que alcanzar la perfección trae la felicidad?

Práctica de expresión escrita (Prueba 1)

250–400 palabras NM

450–600 palabras NS

Según un libro que has leído recientemente, la sociedad de un futuro no muy lejano va a perder su contenido humano a favor de la ciencia y la tecnología. Escribe un texto en el que expongas tus sentimientos sobre este tema y expliques si, en tu opinión, es cierto que nos estamos deshumanizando. Elige entre las opciones dadas un tipo de texto apropiado para la tarea.

Carta formal	Correo electrónico	Página de blog

Antes de elegir el formato, ten en cuenta:

- cuál es más adecuado para la tarea
- cuál es el contexto
- cuál es el propósito del texto
- quién es el receptor
- cómo deben ser el tono y el registro

Consejos para el examen

Primeramente debe leerse el enunciado con atención y después decidir cuál de los tipos de texto propuestos es el más adecuado para la tarea. Es recomendable hacer un borrador en el que se incluyan las ideas más importantes y cómo deben organizarse según el formato. También hay que tener en cuenta el vocabulario necesario para expresar el mensaje, la estructura gramatical que mejor se ajuste, y por supuesto, el tono y el registro apropiados a la tarea.

CAS

En tu instituto se pueden organizar actividades sobre el impacto en la sociedad de la ciencia y la tecnología. Invita a los estudiantes de tu instituto o colegio a participar con trabajos artísticos, representaciones o exposiciones basados en este tema.

TDC La ética no debería inmiscuirse en la ciencia. El concepto moral no tiene valor frente a la importancia de la ciencia en la sociedad. ¿Estás de acuerdo con esta afirmación? Justifica tu respuesta

Oral (evaluación interna)

NM

Descripción de un estímulo visual

Contextualizar dentro del área temática al que pertenezca

Descripción de imágenes

Tiempo de preparación: 15 minutos

Describe estas fotografías: ¿Qué es importante? ¿Quiénes están? ¿Dónde están? ¿Qué sacas en conclusión?

Explica el contenido de la fotografía en el contexto de la tecnología e innovaciones científicas

Indica tus opiniones ilustrándolas con ejemplos y justificándolas.

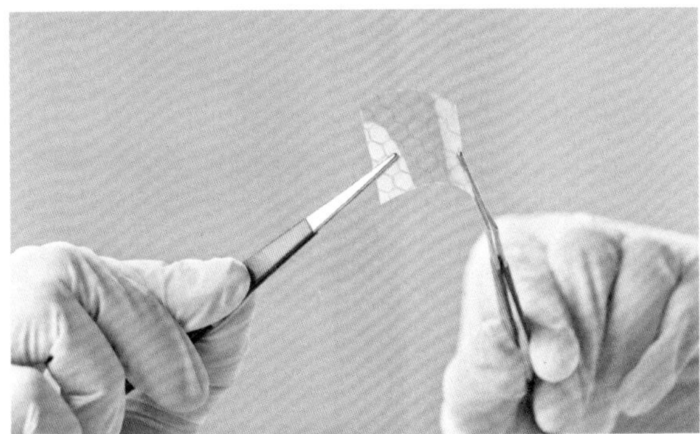

3.3 COMUNICACIÓN Y MEDIOS

Para empezar

Actividad 1: Texto preparatorio

Difundir: hacer que un hecho llegue al conocimiento de muchas personas

Transmitir: hacer llegar información, mensajes o noticias

Emitir: lanzar ondas para transmitir sonidos o imágenes

Receptor: persona que recibe

Formar: educar, aportar conocimientos

Informar: hacer que alguien se entere de algo que desconoce

Entretener: hacer pasar el tiempo de manera agradable

¿Qué son los medios de comunicación?

Los medios son los instrumentos usados para difundir o transmitir la comunicación.

La comunicación se puede emitir a través de textos (prensa), sonidos (audios), imágenes (televisión) o audiovisuales (videos) que llegan al receptor.

Los medios que llegan a un alto número de receptores se llaman medios de comunicación de masas (*mass media*). Como ejemplo puede citarse el uso generalizado del Internet.

En los últimos años, los medios de comunicación han cobrado una importancia extraordinaria porque son capaces de influir en el comportamiento de los receptores.

Los medios de comunicación tienen tres propósitos principales: formar, informar y entretener.

1 Responde a lo siguiente:

a ¿Para qué sirven los medios de comunicación?

____

____

b ¿A través de qué soportes se transmite la comunicación?

____

____

c ¿Qué son los medios de comunicación de masas?

____

____

d ¿Por qué son tan importantes los medios de comunicación?

____

____

2 Basándote en los tres propósitos de los medios de comunicación, explica con tus propias palabras cuáles medios utilizas para cada uno de ellos y si consiguen sus objetivos.

Formar: ______________________________

Informar: ______________________________

Entretener: ______________________________

Práctica de comprensión de lectura (Prueba 2)

Texto A: El problema de los jóvenes y la invasión de medios de comunicación

Multitud de proyectos e investigaciones han intentado desentrañar la relación de los jóvenes con los medios de comunicación. Por eso resulta importante saber lo que están absorbiendo y aprendiendo de toda la nueva información que les llega.

Actualmente, los medios de comunicación de masas son mucho más numerosos y, probablemente, mucho más potentes. La televisión, la radio, los periódicos e Internet nos informan pero también nos bombardean continuamente con eslóganes, mitos, noticias falsas, etc. aprovechándose de la incertidumbre de los adolescentes para así moldearlos al antojo de lo que proponen. Es en este punto en el que los investigadores se preguntan qué hacen los medios de comunicación con los jóvenes y cuál es la reacción de estos.

Armas de doble filo

Es así como los medios se han convertido en un arma de doble filo que, por un lado, mejora la vida de las personas al enseñar e informar, al permitir una comunicación global y una velocidad de información nunca vista anteriormente. Los jóvenes pueden usarlos como fuente de información y contenidos, como entretenimiento, como una manera rápida de aprender, socializar, ampliar sus horizontes y divertirse a la vez que se informan.

Pero los aspectos negativos de estos medios sobre los jóvenes son también obvios: la abundancia de contenidos inapropiados, negativos e incluso ilegales; su capacidad para adoctrinar, confundir, modificar hábitos saludables y convertirlos en nocivos, etc.

Nadie duda de que los jóvenes y adolescentes llegan a confundir la vida real e identificarla con lo que ven en la televisión y, más recientemente, en multitud de canales de Internet como YouTube. Su identificación con un mundo virtual, la distorsión de los valores clásicos, los contenidos inapropiados, pueden hacer que los jóvenes se vean muy perjudicados por la sobreexposición a todos estos medios.

Arma de doble filo: medio que se usa para conseguir un fin pero puede tener también el efecto contrario.

Distorsión: modificación de la realidad

Preguntas de comprensión

1 Basándote en la introducción, identifica las palabras que significan:

a asimilando ______________________

b insistir ______________________

c falta de confianza ______________________

d dar forma ______________________

2 Basándote en *Armas de doble filo*, completa la tabla con las ventajas y desventajas que se mencionan.

Ventajas	Desventajas

3 Basándote en el último párrafo, contesta a las siguientes preguntas:

a ¿Cómo identifican algunos adolescentes el mundo real?

b ¿Cómo perjudica a los jóvenes esta sobreexposición a los medios?

Para ir más lejos

Según el contenido del texto anterior, ordena tus ideas y saca tus conclusiones.

Después se organiza un mini-debate discutiendo la influencia positiva y negativa de los medios de comunicación en los adolescentes.

¿Qué medios de comunicación usas habitualmente?

¿Cómo te ayudan los medios de comunicación?

¿Qué consecuencias negativas pueden tener en tu comportamiento?

Texto B: Lo negativo de las nuevas tecnologías

La influencia del Internet

En los años setenta surgió Internet, una red de comunicación capaz de interconectar diferentes ordenadores. Actualmente se ha convertido en nuestro compañero de vida, en nuestra herramienta de trabajo, de ocio, de relaciones, de actividades económicas y en nuestro principal medio de comunicación.

Internet forma parte de las nuevas tecnologías que tanto han cambiado el mundo, para bien y para mal. Sus ventajas son incuestionables: velocidad de comunicación, globalización, posibilidad de realizar multitud de actividades sin salir de casa, gran capacidad de enseñanza, etc. Pero también sus desventajas son palpables: uso nocivo de las distintas páginas y, sobre todo, peligro de acción en personas vulnerables (menores de edad, personas con problemas emocionales y de relación).

Al día de hoy, en la mayoría de las casas cada persona dispone de uno, como mínimo, o varios dispositivos desde los que puede conectarse a Internet (hablamos de ordenadores, de tabletas y de teléfonos inteligentes). Esta variedad de posibilidades de conexión puede empujarnos a abusar del uso del Internet.

¿Por qué se crea la adicción al Internet?

Muchas personas usan la red exclusivamente para buscar información y trabajar con ella, pero también hay muchas que la utilizan para socializar, hacer amigos, relajarse y escapar de la rutina. Es en este último punto donde puede surgir la adicción al Internet.

El peligro de esta nueva vida virtual conlleva la creación de personalidades igualmente virtuales que nada tienen que ver con la realidad. Es muy fácil crear un perfil totalmente distinto al nuestro y que muestre características físicas y mentales que reflejan más lo que querríamos ser que cómo somos en realidad.

Existe también la obsesión por los juegos, o ciertos temas concretos. Los niños son especialmente vulnerables en este sentido, cuando se obsesionan por ciertos videojuegos, pero también los adultos pueden caer en ello y hacerse adictos a temas no recomendables como las apuestas o las compras compulsivas.

Consecuencias negativas

Cada día es más frecuente encontrarse con adultos y niños en los que se reflejan las consecuencias negativas del mal uso de la red: niños con obesidad derivada del sedentarismo, adultos con problemas de visión y dolor de espalda y, en general, personas con problemas de sueño.

Pero no solo encontramos consecuencias negativas en el aspecto físico, sino que también se dan problemas de conducta que pueden llegar a ser graves: irritabilidad, ansiedad, mal humor, impaciencia, etc.

Todo esto hace que la vida de la persona cambie radicalmente y, entre lo más destacable, está el cambio que se produce en su relación con los demás. Tanto su familia como sus amigos, compañeros y allegados van a sufrir el aislamiento paulatino que se produce en dicha persona. Estamos ante un problema serio: la persona se ha convertido en adicta al Internet y debe ser ayudada para que toda su vida no se tambalee.

Posibles soluciones

En este sentido, ¿cómo podemos ayudar a esta persona?: los familiares deben empezar a supervisar el uso de los dispositivos por parte de dicha persona, limitar sus horarios de uso y dificultar el acceso a los dispositivos. Si la persona no comparte su vida con nadie deberá ser ella misma la que se limite y organice y, si ve que le resulta imposible, tendrá que pedir ayuda a los profesionales.

Preguntas de comprensión

1 Basándote en el apartado *La influencia del Internet*, decide si los enunciados son verdaderos o falsos y justifica tu respuesta con elementos del texto.

a Internet ha llegado a ser de uso imprescindible para comunicarnos. **V** **F** ☐ ☐

Justificación ______________________

b Las nuevas tecnologías solamente ofrecen usos positivos o beneficiosos. **V** **F** ☐ ☐

Justificación ______________________

____

c Existe un grupo de personas que puede ser excesivamente influido por la red. **V** **F** ☐ ☐

Justificación ______________________

____

d La variedad de dispositivos disponibles previene abusar del uso del Internet. **V** **F** ☐ ☐

____

____

2 Basándote en el apartado *¿Por qué se crea la adicción al Internet?*, completa las siguientes oraciones con la información del texto (3 a 6 palabras por respuesta):

a Puede surgir la adicción a Internet para ______________________.

b El peligro que conlleva la realidad virtual ______________________

______________________.

c La realidad virtual no refleja lo que somos sino ______________________

______________________.

d Los niños tienden a obsesionarse con ______________________.

e Para los adultos existen adicciones negativas como ______________________

______________________.

3 Basándote en el apartado *Consecuencias negativas*, responde a las siguientes preguntas:

a ¿Qué dos consecuencias tiene esta adicción en los niños?

i ______________________ **ii** ______________________

b ¿Y en los adultos?

i ______________________

ii ______________________

iii ______________________

c ¿Qué problemas de conducta pueden presentarse?

i ______________________

ii ______________________

iii ______________________

iv ______________________

d ¿Qué impacto tiene la adicción en el contexto de las relaciones sociales?

____

4 Basándote en el apartado *Posibles soluciones*, identifica las tres ideas que aparecen en la lista. Escribe las letras de las opciones correctas en las casillas en blanco.

☐ ☐ ☐

A Reduce el acceso a los dispositivos conectados a Internet.
B Limita las actividades sociales para acceder a Internet.
C Usa los dispositivos a cualquier hora del día.
D Fija un tiempo apropiado para conectarte.
E La situación es siempre controlable por uno mismo.
F Acudir a un especialista si no se puede controlar.

Para ir más lejos

Prepara un folleto o un póster mencionando como puede restringirse el tiempo conectado a Internet y sugiriendo qué otras actividades pueden realizarse para no caer en la adición. (150 palabras)

Texto C: El cuarto poder

Fue en el siglo XIX cuando se empezó a emplear el término "cuarto poder" para referirse a los medios de comunicación, juntándolo a los tres poderes convencionales del Estado, esto es, el poder ejecutivo, el legislativo y el judicial. En España (47 millones de habitantes) existen alrededor de 85 periódicos. Dejando a un lado los diarios deportivos, el diario *El País*, con casi 2 millones de lectores diarios, es el más importante, seguido por el diario gratuito *20 minutos* y *El Mundo* con 1,5 millones sin contar los medios digitales. Además de la prensa escrita hay numerosas estaciones de radio y una enorme oferta de canales de televisión, tanto públicos como privados. La posibilidad de elegir es, pues, significativa.

Pero, ¿quién controla todos estos medios? ¿Son realmente medios de información imparcial? En un principio, los medios nacieron como publicaciones que contenían información de los precios de los productos en los puertos europeos para convertirse, con el paso del tiempo, en conglomerados mediáticos que comerciaban con todo tipo de información. De ahí se pasó en poco tiempo a la prensa-negocio y, adía de hoy, nos encontramos ya con la prensa globalizada. Dicha prensa globalizada informa a todos los ciudadanos del mundo de lo que pasa dentro y fuera de sus fronteras mediante una acción eficaz e inmediata, de manera que lo que ellos digan es lo que todo el mundo va a creer sin más.

La inmediatez y la globalización conlleva un bombardeo continuo de información diversa que el ciudadano no tiene tiempo de digerir. La prensa, en manos de grupos multinacionales potentes, inyecta su opinión hasta en los temas más insignificantes, de manera que es perfectamente capaz de ejercer "control" sobre las opiniones de la gran inmensa mayoría. Este mensaje depende de la inclinación política e ideológica de cada medio y, así, una noticia será expuesta de una forma u otra dependiendo de cuál sea el sesgo del medio en cuestión. La enorme cantidad de información, ya de por sí influida por la opinión del medio, y la rapidez con la que llega al ciudadano le impide reflexionar sobre lo sucedido y desarrollar una opinión personal. Al final, creemos en todo lo que nos cuentan y nuestra opinión es igual que la del periodista encargado de transmitir la noticia.

Preguntas de comprensión

1 Basándote en el primer párrafo, responde a las siguientes preguntas:

a ¿En qué consiste el cuarto poder?

___

b ¿Qué expresión indica que los diarios deportivos son los más populares?

___

c ¿Cuáles son los periódicos principales?

___

d ¿Cuál de los diarios mencionados no cuesta dinero?

___

2 Basándote en el segundo párrafo, elige las opciones correctas y márcalas en la casillas en blanco.

a Al principio los medios eran...

☐
A publicaciones con información local.
B publicaciones con información económica.
C publicaciones de influencia global.

b Los grandes grupos mediáticos...

☐
A llegaron a convertirse en importantes negocios.
B se convirtieron en sociedades familiares.
C se volvieron medios parciales.

c La prensa globalizada...

☐
A informa solamente a los medios internacionales.
B informa de manera rápida y eficiente.
C informa de noticias locales con poca certeza.

d Los contenidos de la prensa globalizada...

☐
A son cuestionados por el público en general.
B no cambian ni dependen del medio que la difunde.
C son creídos de forma incondicional.

3 Basándote en el último párrafo, decide si los enunciados son verdaderos o falsos y justifica tu respuesta con elementos del texto.

a Los ciudadanos son capaces de asimilar toda la información que reciben. **V** **F**

Justificación ______________________________

____

b La prensa es capaz de manipular las opiniones de los ciudadanos. **V** **F**

Justificación ______________________________

____

c La tendencia política del medio influye en su manera de difundir las noticias. **V** **F**

Justificación ______________________________

____

d Los ciudadanos desarrollan una opinión crítica y personal. **V** **F**

Justificación ______________________________

____

Gramática en contexto

Comparativos

Observa las expresiones:

"**tanto** públicos **como** privados"

"**igual que** la del periodista"

Ambas se refieren a comparativos **de igualdad**, es decir, comparan dos elementos iguales.

También se utilizan:

Comparativos de superioridad: más que/mayor que/mejor que

Comparativos de inferioridad: menos que/menor que/peor que

Escribe cinco oraciones donde uses las estructuras comparativas.

1 ______________________________

2 ______________________________

3 ______________________________

4 ______________________________

5 ______________________________

Texto D: ¿Por qué nos gusta cotillear de los famosos?

Las revistas del corazón (tabloides) o los realities en prensa y televisión son muy populares tanto en España como en América Latina. A continuación ofrecemos un debate entre dos famosas actrices que intentan explicar por qué nos gusta cotillear (hablar de la vida) de los famosos.

¿Por qué seguimos con tanto interés sus vidas? ¿Envidiamos ese universo glamuroso al que en nuestro día a día no tenemos acceso o nos consuela saber que ellos también sufren? Las dos participantes en nuestro debate, ambas actrices, ven la fama desde distintas ópticas. Macarena Gómez está convencida de que todos somos cotillas, aunque tendemos a culpabilizarnos si nos descubren en público. Toni Acosta, por su parte, cree que hay que distinguir claramente entre el que es famoso por su trabajo del que tiene como objetivo conseguir la fama a toda costa.

P: ¿Es igual el famoso que trabaja que el que comercia con su vida?

Macarena Gómez: Categoría humana, evidentemente, tienen ambos. Pero el primero consigue la fama por un reconocimiento de méritos propios y el segundo la ha logrado porque los medios de comunicación le han puesto ahí.

Toni Acosta: Participar en un reality, fabricar reportajes, contar su vida y sus miserias... ¿Eso es trabajar? Las actrices no buscamos la popularidad, sino que viene dada por nuestro trabajo en la televisión, en el cine o en el teatro, pero esos otros la persiguen como profesión.

P: ¿Ver a los ricos y vips desgraciados nos consuela?

MG: La fama nos sitúa en un pedestal, nos endiosa. Y cuando tenemos problemas, lo que nos ocurre como a todos los mortales, la gente se da cuenta y nos humaniza.

TA: Antes, estaban rodeados de un halo de misterio. Ahora los paparazzi te fotografían en la playa o en una postura mala..., y muestran que somos igual que cualquiera, pero esa cercanía excesiva nos ha perjudicado.

P: Pero es un placer del que nos avergonzamos en público.

MG: Somos hipócritas. Está mal visto el término cotillear, pero todos compramos revistas de sociedad y vemos alguno que otro programa del corazón, aunque por nuestra cultura judeo-cristiana tendemos a culpabilizarnos.

TA: Pues yo no entiendo por qué opina la gente sobre algo íntimo de otro que ni conoce. Otra cosa son las revistas; a mí me gusta ver las fotos de una boda o un evento.

P: ¿Se puede llegar a perder la dignidad en busca de la fama?

MG: Lo vemos continuamente en programas en los que alguien cuenta intimidades de otros. Más que buscar popularidad, tienen problemas económicos. Hay quienes no llevan bien rebajar el estatus que han disfrutado.

TA: Estoy convencida de que la fama crea adicción y mucha gente no quiere dejar de ser popular. Si no apareces en la televisión durante dos años, te dicen: '¿No estás haciendo nada, verdad?', aunque trabajes en el teatro. Y hay vips que no soportan alejarse de la popularidad.

P: ¿El precio de la popularidad es la pérdida de intimidad?

MG: Las redes sociales están haciendo mucho daño. Ahora hay un paparazzi detrás de cada móvil y a lo mejor ese día voy sin arreglar o no me apetece que me saquen en un momento íntimo. También se pierde el respeto y la elegancia cuando se usan las redes para insultar.

TA: A veces la fama es incómoda, pero ¿cuántas cosas podemos hacer gracias a esa popularidad? Soy incapaz de negarle una foto a un admirador, porque quien te la pide te está echando un piropo.

1 Basándote en la introducción, responde a estas preguntas:

a ¿Qué palabra indica "lujoso", "lleno de placeres"? ______________________

b ¿Qué palabra quiere decir que estamos interesados en la vida de otros?

____

c ¿Qué palabra significa que tenemos escrúpulos, que no estamos orgullosos?

____

2 Basándote en las respuestas de las dos actrices, señala en la tabla quién dice lo siguiente:

¿Quién lo dice?	Macarena	Toni
1 Algunos son famosos solamente porque aparecen en los medios.		
2 Para algunos, ser populares se convierte en una profesión.		
3 Ser más cercanos al público puede ser una experiencia negativa.		
4 Ser famoso hace que te consideren superior.		
5 Las revistas del corazón pueden ser agradables de leer.		
6 Algunos aparecen en los medios porque necesitan dinero.		
7 Los famosos deben estar agradecidos a sus admiradores.		

Práctica de comprensión auditiva (Prueba 2)

Texto A: 5 puntos inolvidables antes de hacer una campaña publicitaria

Vas a ver un video. Contesta a las siguientes preguntas de acuerdo con video.

1 ¿A quién van dirigidas las campañas publicitarias?

____

2 ¿Por qué es importante saber a quién se dirigen?

____

3 ¿Cuál es el valor agregado que se menciona?

____

4 ¿Cuándo se desarrolla la campaña?

____

5 ¿Dónde van a desarrollar la campaña?

____

6 ¿Qué otro factor es también importante?

____

7 ¿De qué depende un presupuesto para una campaña publicitaria?

____

Para ir más lejos

La clase se divide en grupos de tres o cuatro personas y cada grupo diseña una campaña publicitaria sobre algún tema importante: Alimentación, Deporte, Medio ambiente, Preparación académica u otros de su interés. También es posible basarse en anuncios publicitarios.

Deben considerarse los siguientes objetivos:

- ¿a quién va a ser dirigida (a niños, adolescentes, jóvenes, adultos)?
- el tipo de mensaje que se quiere transmitir
- el lema que va a servir para llamar la atención
- la forma de presentación

Después se presentan en clase las diferentes campañas.

Texto B: Ventajas y desventajas de las redes sociales

Vas a ver un video. Contesta a las siguientes preguntas de acuerdo con el video.

Preguntas de comprensión

1 Completa los espacios en blanco.

a Es una comunidad virtual que permite ______________________________

____

b El perfil puede ser ______________________________ .

c También tiene una lista de contactos y puede generar contenidos como

____

2 Basándote en *Ventajas*, responde a las siguientes preguntas.

a ¿Para qué es útil el acortamiento de distancias que ofrecen las redes?

____

b ¿Por qué ayudan las redes a las relaciones sociales?

____

c Cita dos de los productos que ofrecen las redes sociales.

____

3 Basándote en *Desventajas*, elige de la lista las cuatro ideas que aparecen en el video. Escribe las letras de las opciones correctas en las casillas en blanco.

☐ ☐ ☐ ☐

A Las redes pueden usar su información con fines de lucro.
B Las redes fomentan y promueven la falta de privacidad.
C Las redes permiten la creación de perfiles falsos.
D Las redes roban perfiles falsos de los usuarios.
E Las redes pueden provocar adicción.
F Las redes alimentan nuestro tiempo libre.
G Las redes ocupan todo nuestro tiempo.

Consejos para el examen

Para elegir las opciones correctas dentro de una lista debe prestarse especial atención a aquellos enunciados que puedan ser contradictorios y elegir el que se ajusta al contenido del texto, o video, en este caso. Por eso es interesante clasificar estas oraciones antes de completar la actividad. Por ejemplo, las preguntas F y G utilizan dos verbos: alimentar y ocupar; entonces debe tenerse claro cuál es el que se menciona y marcar esa opción.

Práctica de expresión escrita (Prueba 1)

250–400 palabras NM

450–600 palabras NS

Has observado que una persona que tú conoces presenta síntomas de adicción a las redes sociales: el tiempo que pasa conectado, los contenidos que utiliza, la falta de sueño, su mal aspecto, etc. Escribe un texto donde le expreses tu preocupación y ofrezcas soluciones. Elige entre las opciones dadas un tipo de texto apropiado para la tarea.

Carta formal	Correo electrónico	Artículo

Antes de elegir el formato, ten en cuenta:

- cuál es más adecuado para la tarea
- cuál es el contexto
- cuál es el propósito del texto
- quién es el receptor
- cómo deben ser el tono y el registro

TDC ¿Cómo pueden los medios manipular al público y conseguir que modifique su conducta? Razónalo con ejemplos.

CAS

Puedes crear con tus compañeros una serie de anuncios en una página web donde promover campañas sobre temas de interés y actualidad en la comunidad escolar y local.

Consejos para el examen

En los estímulos visuales donde aparecen varias personas debe evitarse la descripción física de estas o la ropa que llevan puesta. Solamente mencionar que "son jóvenes" es válido. Deben, pues, enfocarse en dónde están, qué están haciendo, qué es importante en el contexto del tema que representan las fotografías y llegar a una conclusión. Además debe mostrarse cierto conocimiento sobre el área de exploración que se está describiendo.

Oral (evaluación interna)

NM

Descripción de un estímulo visual

Contextualizar dentro del área temática al que pertenezca

Descripción de imágenes

Tiempo de preparación: 15 minutos

Describe estas fotografías:

- ¿Qué es importante?
- ¿Quiénes están?
- ¿Dónde están?
- ¿Qué sacas en conclusión?

Explica el contenido de la fotografía en el contexto de los medios de comunicación.

Indica tus opiniones ilustrándolas con ejemplos y justificándolas.

Reflexiones finales

Después de completar todas las actividades presentadas en esta área temática te invitamos a reflexionar sobre como las has llevado a cabo. Escribe tus reflexiones en la tabla.

Puntos positivos	
Puntos a mejorar	
Próximos objetivos	

Finalmente y basándote en los Criterios de evaluación, haz una autoevaluación sobre tu desempeño en las siguientes destrezas:

Comprensión de lectura	Bien	Necesito mejorar
Comprensión auditiva	Bien	Necesito mejorar
Producción escrita	Bien	Necesito mejorar
Oral individual	Bien	Necesito mejorar

4 Organización social

4.1 COMPROMISO SOCIAL

Para empezar

Compromiso social: la responsabilidad con la sociedad que desarrolla una persona u organismo hacia su comunidad y que se traduce en una búsqueda voluntaria del bienestar general por encima del particular.

Actividad 1: Vocabulario sobre el compromiso social

Empareja las palabras (1–7) con sus definiciones (a–g). Escribe la letra correcta en la columna del medio.

1 compromiso		**a** exigencia establecida por la moral
2 responsabilidad		**b** conjunto de reglas por las que se rige una materia
3 obligación		**c** reconocer y aceptar consecuencias
4 repercutir		**d** realizar la función que corresponde
5 normativa		**e** influir en un asunto o causar un efecto
6 plasmar		**f** obligación contraída
7 cumplir		**g** dar una forma concreta a un proyecto o una idea

Actividad 2: ¿Sabemos qué es el compromiso social?

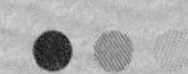

Existe un concepto conocido como compromiso o responsabilidad social que establece que todos los individuos tienen una obligación con el resto de la sociedad por el hecho de pertenecer a ella. La sociedad se compone de todos los individuos que participan en ella y las acciones de cada uno de los individuos (sean grandes o pequeñas) repercuten en la vida social.

El compromiso social es la obligación de cada ser humano para lograr el bienestar colectivo, mejorar la sociedad y contribuir al equilibrio social. Si bien el compromiso social es una normativa o regulación no obligatoria (lo que se denomina "ley blanda"), su aplicación se considera recomendable.

Ley blanda: regla que se debe cumplir aunque no sea obligatoria

Existen varios acuerdos internacionales que han plasmado el compromiso o responsabilidad social, por ejemplo, el adoptado por la UNESCO y conocido como "Declaración Universal sobre Bioética y Derechos Humanos". A partir de este tipo de acuerdos, diferentes instituciones y sectores establecen propuestas para hacer cumplir el compromiso social.

Después de leer *¿Sabemos qué es el compromiso social?* contesta a lo siguiente:

1 ¿Qué establece el compromiso social?

____

2 ¿De qué se compone la sociedad?

____

3 ¿Cuáles son los objetivos del compromiso social?

____

4 El compromiso social es una normativa obligatoria. **SÍ** ☐ **NO** ☐

Justificación ______________________________

____

5 ¿Qué acuerdo internacional ha plasmado el compromiso social?

6 ¿Dónde se establecen propuestas para el cumplimiento del compromiso social?

Enfoques de aprendizaje

Habilidades sociales

- ¿Estás comprometido/a socialmente con tu comunidad? Explícalo.
- ¿Qué responsabilidades tienes hacia tu comunidad? ¿Cuáles son tus obligaciones?
- ¿Hasta qué punto tu instituto o colegio demuestra un compromiso con la comunidad? Establece algunas propuestas para reforzar ese compromiso junto con tus compañeros.
- Una vez contestadas las preguntas, se hace una puesta en común con todas las aportaciones.
- Finalmente se contrastan las aportaciones individuales y la puesta en común del grupo con las propuestas ofrecidas en el texto A.

Práctica de comprensión de lectura (Prueba 2)

Texto A: ¿Cómo podemos fomentar el compromiso social en los jóvenes de hoy?

Los jóvenes son personas activas y dinámicas, son agentes de cambio cuya vitalidad podemos aprovechar. Cuando sea necesario hacer un trabajo comunitario, existen muchas maneras de fomentar la participación de los jóvenes. Por ejemplo, vamos a ver algunas ideas que pueden servir para llevar a cabo talleres o dinámicas. Esto son solo ideas, luego se pueden mejorar o improvisar nuevas, aunque **lo importante es que siempre estén** enfocadas a la enseñanza del compromiso social.

1 Charlas multiculturales

El mundo de hoy es un mundo globalizado y multicultural. Hacer una charla con personas de distintas nacionalidades, razas, culturas, etc. hará que los jóvenes entiendan qué es la multiculturalidad y que comprendan el valor del respeto por las demás culturas, además de entender cuál es su papel.

2 Actividades de voluntariado

Las actividades de voluntariado son una forma ideal para que los jóvenes aprendan distintas realidades que no tiene que ver con su vida diaria. Conocer realidades que no son las suyas ayudará a que experimenten mayor crecimiento personal y que su compromiso social y su conocimiento cultural mejore.

3 Talleres de fotografía

¿Has escuchado sobre la fotografía humanista? **Lo ideal es que diseñes** un taller que involucre algún fotógrafo humanista. Pero si no tienes a nadie, puede ser un fotógrafo profesional, que enseñe sobre la fotografía y los diferentes temas que él puede abordar. Y luego tú profundizas sobre la fotografía social.

Para ir más lejos

Busca otras ideas para fomentar el compromiso social. Elige dos o tres y desarróllalas. Después se puede hacer en clase una puesta en común y comprobar cuáles han sido las más populares.

4 Importancia de la no violencia y fomento de la paz

Se pueden desarrollar talleres y actividades en entornos donde lo más importante sea fomentar la paz. **Es importante que los jóvenes conozcan** la importancia de la no violencia y el fomento de la paz en todas las acciones cotidianas. **Se espera que luego ellos lo reflejen** en su vida diaria.

5 Centros para personas con capacidades diferentes

Llevar a un grupo de jóvenes a visitar algún centro de personas con capacidades diferentes hará que se den cuenta de que esas personas pueden lograr cosas increíbles a pesar de su condición y que todos somos iguales sin importar las diferencias físicas o mentales que tengamos

6 Actividades con personas con capacidades diferentes

Además de visitar los centros, se pueden organizar actividades con personas de estos centros, en las que los jóvenes aprenderán cuáles son sus propias limitaciones y cómo superarlas.

7 Campañas de solidaridad

Actualmente, existen muchas campañas solidarias en las que los jóvenes pueden participar: juntar alimentos para el Banco Mundial de Alimentos, campañas de ayuda a personas sin techo o en situación de riesgo, campañas de ayuda a niños en situación de exclusión, etc. Lo importante aquí es preparar a los jóvenes sobre lo que verán y la importancia de estas colaboraciones. **Te sugiero que mires** las campañas que se organizan en tu zona para participar en ellas.

8 Resolviendo conflictos pacíficamente

Es muy probable que trabajes con jóvenes que sufren conflictos familiares y por ello es muy importante aprender a trabajar con resolución de conflictos. Lo que los jóvenes apliquen en su familia será lo que luego apliquen en la comunidad. Un taller de este tipo permitirá que los jóvenes aprendan a tener un compromiso social que se base en la paz y no en el conflicto. **Lo ideal es que acudan** con su familia.

9 Vacunación animal

Involucrar a los jóvenes en el apoyo a las campañas de vacunación animal es una forma excelente de que aprendan qué es el compromiso social. **Lo ideal es que vaya** algún veterinario como apoyo para que los jóvenes puedan hacer esta actividad. **Lo mejor es que las realicen** en alguna de las comunidades a las que pertenecen los jóvenes, así todos se sentirán más comprometidos.

10 Colaboración con los centros de recogida y adopción de animales

Los jóvenes pueden participar en las campañas de adopción de animales ayudando a los centros a encontrar familias para los animales abandonados en los centros o a través de las redes sociales. También se puede organizar una campaña propia y que sean los jóvenes los que recojan los animales y les busquen familia.

Preguntas de comprensión

1 Basándote en la introducción responde a lo siguiente.

a ¿Qué frase indica que los jóvenes son útiles para promover el compromiso social?

b ¿Qué objetivos tienen las diez ideas que se proponen?

____

c ¿En qué se enfocan estas ideas?

____

2 Basándote en los tres primeros apartados, decide si estos enunciados son verdaderos o falsos y justifícalo con información del texto.

a Las charlas multiculturales contribuyen a que los jóvenes entiendan otras culturas. **V** ☐ **F** ☐

Justificación ____

____

b El voluntariado logra que los jóvenes experimenten sus propias realidades. **V** ☐ **F** ☐

Justificación ____

____

c En los talleres de fotografía social deben participar solamente fotógrafos humanistas. **V** ☐ **F** ☐

Justificación ____

____

3 Basándote en los apartados 4, 5 y 6, elige las opciones correctas y márcalas en las casillas en blanco.

a El fomento de la paz explica... ☐

A la importancia de hacer talleres pacíficos.
B la importancia de la no violencia en la vida diaria.
C la importancia de controlar la violencia.
D la importancia de vivir tranquilos.

b Los centros para personas con capacidades diferentes logran que... ☐

A personas discapacitadas consigan vivir aisladas.
B personas con capacidades diferentes no se adapten al medio.
C las personas consigan cosas importantes a pesar de sus dificultades.
D las personas consigan parecer diferentes a los demás.

c Organizar talleres para personas con capacidades diferentes sirven para que los jóvenes... ☐

A superen las limitaciones de las personas discapacitadas.
B superen las limitaciones propias.
C aprendan a superar las limitaciones propias.
D aprendan cómo superar los miedos.

4 Basándote en los apartados 7 y 8 identifica las palabras que significan:

a reunir ____

b peligro ____

c desacuerdos ____

Consejos para el examen

En las preguntas con respuesta múltiple debe leerse cuidadosamente el enunciado y encontrarlo completo en el texto, seguidamente se destaca la expresión cuyo sinónimo se debe encontrar entre las respuestas y se verifica.

5 Basándote en los apartados 9 y 10, identifica los cuatro enunciados que aparecen en el texto. Escribe las letras de las opciones correctas en las casillas en blanco.

☐ ☐ ☐ ☐

A Los veterinarios ayudan a los jóvenes en la vacunación.
B Los jóvenes deben apoyar las campañas de vacunación.
C La operación se realiza fuera de la comunidad.
D Los jóvenes se comprometen mejor si actúan en su comunidad.
E Los jóvenes deben adaptarse a las redes sociales.
F Los jóvenes deben participar de forma activa en las campañas.
G Se puede organizar una campaña de adopción.
H Las campañas de adopción solo las realizan veterinarios.

Gramática en contexto

Fíjate en las oraciones del texto señaladas **en negrita**. Todas ellas sirven para ofrecer sugerencias, recomendaciones o consejos y se denominan "cláusulas nominales". Su estructura es la siguiente:

Oración principal en presente de indicativo	Conector	Oración subordinada en presente de subjuntivo
Lo importante es Es importante Se espera Te sugiero Es muy probable Lo ideal es	(QUE)	estén conozcan lo reflejen trabajes acudan vaya

Ahora escribe cinco oraciones utilizando esas cláusulas iniciales en las que vas a dar consejos, sugerencias o recomendaciones, usando el presente de indicativo + que + presente de subjuntivo.

____

____

____

____

____

Texto B: La asociación Arte y Solidaridad convoca su concurso de fotografía solidario

El texto que viene a continuación presenta la convocatoria a un concurso de fotografía humanitaria organizado por la asociación Arte y Solidaridad.

Bases del concurso

La Asociación Arte y Solidaridad nace en 2005, de la mano de dos soñadores empeñados en fomentar la creación artística y cultural para conseguir un mundo sostenible, equilibrado, mejor conservado, más humanitario, más justo, en definitiva, un mundo mejor.

(a) ____________________ y en esta línea de trabajo, los objetivos de la Asociación son **(b)** ____________________ fomentar el arte y la cultura de manera general y en todos sus aspectos y, por el otro, recaudar fondos que la Asociación destinará a

ONGs o proyectos que trabajen en estos temas a cambio de productos artísticos, artesanales y culturales, en general, procedentes de donaciones altruistas de artistas de diferente índole. Pero esta no es la única actividad, sino que, **(c)** ____________________ de los objetivos ya mencionados, la Asociación convoca un Concurso Internacional de Fotografía, que este año cumple su quinta convocatoria y cuyas bases son las que siguen:

Participantes

En el concurso podrán participar personas mayores de 16 años. Pueden participar tanto fotógrafos aficionados como profesionales.

Temática

Como siempre, hay dos temáticas entre las que los concursantes pueden elegir: temática libre y otra sobre la ciudad de Toledo. **(d)** ____________________ y para premiar todas las imágenes, las fotos presentadas en la temática Toledo optarán también a los premios de la temática libre.

Obra

El número máximo de obras que puede presentar cada concursante es tres. Estas obras no pueden haber sido premiadas en concursos anteriores ni comercializadas, independientemente de si se presentan en la modalidad libre o Toledo. Las fotos podrán ser en blanco y negro o en color, con libertad para utilizar cualquier técnica o procedimiento. **(e)** ____________________ la temática elegida el jurado valorará: en la temática libre, la dificultad técnica (tanto de la preproducción como de la postproducción), la originalidad, la belleza y la estética. En el caso de la temática Toledo, las fotos deberán reflejar elementos históricos, culturales, tradicionales, etnográficos o lugares destacados por su interés paisajístico o natural, además el jurado valorará también los aspectos técnicos antes mencionados.

Fechas del concurso

La admisión de fotografías empezará el 1 de abril y finalizará el 30 de mayo.

Preguntas de comprensióna

1 Basándote en el párrafo *Bases del concurso*, responde a las siguientes preguntas:

a Indica las cinco palabras que definen "un mundo mejor" según el texto.

____________________ ____________________ ____________________

____________________ ____________________

b ¿Cuáles son los dos objetivos principales del concurso?

____

c ¿Qué palabra indica que en las donaciones los artistas no reciben dinero?

____

d ¿Qué palabra significa "tipos" o "características"?

____

2 Basándote en el párrafo *Participantes,* contesta a lo siguiente:

a ¿Existe límite de edad para los participantes? **SÍ** ☐ **NO** ☐

Justificación ____

____

b El concurso está destinado solamente a fotógrafos profesionales. **SÍ** **NO**

Justificación ____________________ ☐ ☐

____

3 Basándote en el párrafo *Temática,* completa las siguientes oraciones con la información del texto.

a Para concursar habrá dos temáticas, una sobre el municipio de Toledo y

____

b Las fotos presentadas a la temática Toledo ____________________

____________________.

4 Basándote en en el párrafo *Obra,* elige los cuatro enunciados que se mencionan en el texto. Escribe las letras de las opciones correctas en las casillas en blanco.

☐ ☐ ☐ ☐

A Cada participante puede presentar tres obras qué hayan sido premiadas en otro concurso.
B Los participantes deben presentar obras que no hayan sido premiadas ni comercializadas.
C Las fotos presentadas deben ser siempre en color.
D Las fotos pueden usar cualquier tipo de técnica.
E En la temática libre se valora si la imagen tiene técnica, es original y bella.
F Para la temática libre es preciso que la foto tenga pre y post-producción.
G En la temática Toledo deben representarse características de este municipio.
H En la temática Toledo hay que utilizar imágenes culturales.

5 Basándote en el párrafo *Fechas del concurso*, ¿cuándo se reciben las fotografías?

____

Consejos para el examen

En las preguntas donde se deben insertar conectores, es importante saber su significado y la función que desempeñan. Por eso deben leerse cuidadosamente las dos oraciones que une el conector y examinar a qué categoría pertenecen, p.ej. si son oraciones opuestas, si añaden información, si llegan a una conclusión.

6 Basándote en todo el texto, elige cinco frases del recuadro para completar los espacios en blanco en el texto.

por consiguiente	por tanto	por un lado
de acuerdo con	no obstante	tampoco
sin embargo	además	así que

CAS

A partir de las ideas expuestas en los textos anteriores, elabora algunas propuestas para las actividades de servicio en tu instituto o colegio en relación con la comunidad local y global partiendo de las necesidades actuales que en grupo puedan detectar.

Texto C: La relación entre personas jóvenes y mayores: ventajas

Los estereotipos y prejuicios que existen en la sociedad hacen que las personas mayores no entiendan a las personas jóvenes y viceversa.

Relación de los jóvenes con los mayores

La sociedad ha evolucionado mucho en las últimas décadas y la esperanza de vida de las personas ha aumentado considerablemente, lo cual hace que exista un enorme salto generacional entre personas mayores y jóvenes y que, por tanto, la comunicación y comprensión entre ambos grupos sea mucho más difícil.

En un mundo agitado y en el que casi nadie tiene tiempo, es muy recomendable contar con espacios en los que se puedan organizar actividades para que estos dos grupos se conozcan y puedan convivir y, así, conocerse mejor.

La forma de pensar y de actuar varía mucho de una generación a otra y cuanto mayor es la diferencia de edad, más difícil es la comunicación y la comprensión entre una persona joven y una persona mayor. Todos hemos preguntado alguna vez a un joven qué piensa de las personas mayores y, normalmente, contesta con una descripción estereotipada: piensa que las personas mayores son personas cariñosas, generosas, solitarias, dulces, enfermas, con pérdida de memoria, torpes, anticuadas, deprimidas, aisladas, y más adjetivos parecidos.

Ventajas de la relación entre jóvenes y mayores

La relación entre estos dos grupos aporta ventajas y beneficios a ambos. Vamos a ver algunas de estas ventajas para cada grupo.

a) Personas mayores

El contacto habitual de las personas mayores con los jóvenes hace que se sientan más contentos, que mejoren su humor y que experimenten un aumento de motivación, vitalidad, valía personal, autoestima y, por encima de todo, la sensación de ser necesitados de nuevo. La soledad de las personas mayores hace que se sientan inútiles y relegadas. Además el contacto con los jóvenes mejora su visión de las experiencias pasadas, se sienten menos deprimidos y se encuentran más fuertes para afrontar su edad y sus problemas.

Así, las personas mayores que tienen más contacto con jóvenes afrontan mejor la limitación mental y desarrollan habilidades importantes a su edad, como la memoria, la empatía y la capacidad de socializar.

Los beneficios de ésta relación para las personas mayores son varios, puede ayudarles a conseguir cambios positivos de humor y un aumento significativo de la vitalidad, la autoestima, la motivación, la valía personal y la sensación de ser necesitados. También adquieren un renovado aprecio por las propias experiencias vividas en el pasado, una reducción de los síntomas depresivos y se fortalecen frente a la adversidad.

De esta forma, las personas mayores afrontan mucho mejor la enfermedad mental y desarrollan habilidades sociales, empáticas y de memorización. Además, potencian las cualidades como la flexibilidad.

b) Personas jóvenes

Las personas mayores son una fuente de sabiduría y experiencia acumulada durante años. Las personas jóvenes que se relacionan mucho con mayores, por ejemplo sus abuelos, adquieren conocimiento, empatía y experiencia. A través de los recuerdos de los mayores aprenden sobre sus orígenes y la historia de su ciudad, de su pueblo y de su país.

Se ha comprobado que cuando los jóvenes están más tiempo con personas mayores su rendimiento académico es mejor, además de que se fortalece su motivación, optimismo, humor y autoestima.

Por último, otras de las ventajas para los jóvenes es que se sienten más alegres y agradecen el apoyo de los mayores; reducen sus conductas antisociales y su aislamiento y fortalecen las relaciones sociales con su entorno.

Preguntas de comprensión

1 Basándote en la introducción, ¿qué palabra indica que los jóvenes no entienden a los mayores ni los mayores a los jóvenes? ______________________

2 Basándote en el apartado *Relación de jóvenes con mayores*, responde a las siguientes preguntas.

a ¿Qué dos aspectos dificultan la comunicación de los jóvenes con los mayores?

i ______________________

ii ______________________

b ¿Cómo puede lograrse que los jóvenes y los mayores se entiendan mejor?

____

c ¿Cómo describen los jóvenes a los mayores?

____

3 Completa la tabla escribiendo los adjetivos opuestos a los que se mencionan en el texto.

Adjetivos para describir cualidades	Adjetivos para describir defectos
Ej:. sano/saludable	enfermo
	aislado
	solitario
	depresivo
	anticuado
dulce	
cariñoso	

4 Basándote en *Ventajas de la relación entre jóvenes y mayores* (a) completa la tabla con los adjetivos que se deducen de los substantivos que aparecen en el texto.

Sustantivos	Adjetivos
humor	
vitalidad	
motivación	
valía	

5 Menciona tres de los aspectos positivos para los mayores en su relación con los jóvenes:

a ______________________

b ______________________

c ______________________

6 Basándote en *Ventajas de esta relación* entre *jóvenes y mayores (b)* decide si los enunciados son verdaderos o falsos y justifícalo con elementos del texto.

a Cuando se juntan con los mayores, los jóvenes obtienen peores resultados académicos. **V** ☐ **F** ☐

Justificación ______________________

____

b Los jóvenes valoran el apoyo de los mayores y no sentirse juzgados por ellos. **V** **F**

Justificación ______________________________

c Los mayores han adquirido sus conocimientos a través de sus vivencias. **V** **F**

Justificación ______________________________

d En contacto con los mayores los jóvenes se instruyen sobre su historia. **V** **F**

Justificación ______________________________

Práctica de comprensión auditiva (Prueba 2)

Texto A: Aldeas Infantiles SOS Perú

Vas a ver un video. Contesta a las siguientes preguntas de acuerdo con el video.

Preguntas de comprensión

1 ¿A qué conflicto bélico se debe la fundación de las Aldeas Infantiles?

2 Además de la acogida, ¿qué otros objetivos tiene Aldeas Infantiles?

3 ¿Qué aspecto importante se menciona sobre Aldeas Infantiles?

4 ¿En cuántas provincias de Perú se desarrollan los programas?

5 ¿A quiénes fortalecen los programas de Aldeas Infantiles?

6 ¿Pará que brindan acompañamiento especializado?

7 ¿Para qué defienden los derechos de los niños ante el Estado?

Texto B: CANICA Oaxaca

Vas a ver un video sobre CANICA (Centro de Apoyo al Niño de la Calle), una organización que trabaja con los niños de la calle en la ciudad de Oaxaca en México. Completa las actividades a continuación.

Preguntas de comprensión

1 Basándote en *la introducción*, completa las oraciones con la información del video:

a La finalidad de este centro es ______________________________ .

b Los niños se encuentran en una situación ______________________________ .

Consejos para el examen

El video presentado en el texto B se divide en tres partes: una introducción al proyecto, el testimonio de la coordinadora explicando el programa y una parte final explicando el funcionamiento. Es aconsejable escuchar el video completo tomando notas de lo que se considere importante. Seguidamente, se vuelve a escuchar dividido en sus tres partes y se completan las actividades.

c La cifra de niños en esta situación incrementa ______________________ .

d El taller mensual está dirigido a ______________________ .

e Los campos que se exploran son: ______________________ .

2 Basándote en las *declaraciones de la coordinadora del centro Marta Sierra*, elige las opciones correctas y márcalas en la casillas en blanco.

a En la fase de contacto...

☐
A se trabaja directamente con la familia.
B se consultan los censos de población.
C se consulta a los menores.

b La ludotecas móviles se hacen...

☐
A los martes y los viernes.
B solamente los martes.
C los martes y miércoles.

c En el grupo multigrado...

☐
A los menores asisten al centro solos.
B el centro contacta con la familia.
C los menores trabajan en grupos por edades.

d El contacto con los padres sirve para que...

☐
A los niños mejoren su calidad de vida.
B los padres dejen a los niños en el centro.
C los padres puedan también mejorar su calidad de vida.

TDC

¿Somos los seres humanos diferentes por etnia o por pertenecer a un grupo social o económico distinto? ¿Pueden esas diferencias modificar nuestro conocimiento?

¿Cómo podemos aceptar o rechazar esas diferencias y qué implicaciones tiene sobre la noción de derechos humanos?

3 Basándote en la *última parte*, contesta a estas preguntas.

a ¿Cómo se sustentan los gastos de mantenimiento?

____

b ¿Quiénes ofrecen servicios a la organización?

____

c ¿Cuánto tiempo es necesario para el periodo de sensibilización?

____

d ¿A qué causas se debe la situación de estos menores?

____

e ¿Qué se trabaja en el área de servicios intensivos?

____

f ¿Cuál es el principal objetivo de CANICA?

____

Práctica de expresión escrita (Prueba 1)

250–400 palabras NM

450–600 palabras NS

En tu instituto o colegio se ha organizado una asociación para visitar y asistir a un centro con personas con capacidades diferentes. Escribe un texto donde se expliquen las diferentes áreas que cubrirá el proyecto, que talleres y actividades se están planificando y cómo animar a tus compañeros para que participen. Elige entre las opciones dadas un tipo de texto apropiado para la tarea.

Discurso	Cartel o afiche	Carta formal

Antes de elegir el formato, ten en cuenta:

- cuál es más adecuado para la tarea
- cuál es el contexto
- cuál es el propósito del texto
- quién es el receptor
- cómo deben ser el tono y el registro

CAS

En tu instituto se puede organizar una exhibición de arte u otros objetos cuyo tema sea el Compromiso Social. Se puede cobrar una cantidad módica y entregarla después a una ONG que ayude a personas que hayan sufrido cualquier situación de las estudiadas.

También se puede crear un grupo de apoyo a una ONG local o internacional (o varias) elegida a partir de una encuesta a los alumnos, y creando un contacto permanente con las personas a las que se dirige esa ONG.

Oral (evaluación interna)

NM

Descripción de un estímulo visual

Contextualizar dentro de la área temática a la que pertenezca

Descripción de imágenes

Tiempo de preparación: 15 minutos

Describe estas fotografías: ¿Qué es importante? ¿Quiénes están? ¿Dónde están? ¿Qué sacas en conclusión?

Explica el contenido de la fotografía en el contexto del compromiso social.

Indica tus opiniones ilustrándolas con ejemplos y justificándolas.

Consejos para el examen

La descripción de las imágenes para el oral debe centrarse en el contenido de la fotografía. No deben describirse los rasgos físicos o la ropa que llevan puesta, a no ser que sea imprescindible. Debe centrarse en quiénes están y qué hacen y contextualizarlo con el tema que se ha estudiado. Debe llegarse a una conclusión.

Es muy importante utilizar provechosamente los 15 minutos de preparación.

-Busca en un diccionario la definición de la siguiente palabra:

Laboral

-Anota todas las acepciones que encuentres en la definición.

-Escribe oraciones en las que utilices la palabra con sus diferentes acepciones para practicar.

4.2 EL MUNDO LABORAL

Para empezar

Actividad 1: El mundo laboral

Todos los seres humanos necesitan contar con dinero para vivir y poder hacer frente a los gastos diarios de alimentación, vestimenta, vivienda, educación, transporte, protección contra las inclemencias del tiempo, etc.

La única forma de conseguir ese dinero es a través del trabajo, de entrar a formar parte del mercado, o mundo laboral. Hay muchas personas que no trabajan pero en su mayoría reciben el apoyo de otros en la familia. Aquellos que no cuentan con ese apoyo acaban, en una gran mayoría, viviendo en la calle y mendigando; son los llamados "sin techo", es decir, sin hogar, sin casa en la que refugiarse.

En las familias, a veces uno de los cónyuges trabaja ganando un sueldo o salario mientras el otro (en general la mujer) se dedica a las llamadas labores del hogar como cocinar, limpiar, lavar, planchar, etc. lo que constituye una especie de contrato privado en el que uno de los cónyuges acepta hacerse cargo de la casa y el otro gana el dinero necesario para pagar los gastos de la familia. Si ambos trabajan, a veces se contrata a una persona para que haga esos trabajos caseros, y se le paga por sus servicios.

Por esa razón, se puede afirmar que todos trabajan, de una forma u otra, pero que unos reciben un dinero semanal, quincenal o mensual por su trabajo y otros no.

Pero no todos ganan lo mismo. Los salarios son muy diferentes. Hay salarios, como los de algunos futbolistas, tenistas, jugadores de rugby o de golf, actores y actrices de cine, "famosos" en general, que ganan fortunas, mientras otros trabajan muchas horas y, sin embargo, reciben muy poco. Y esto, en algunos casos, no tiene que ver con la poca o mucha preparación o educación de los trabajadores, sino de lo que los empleadores quieren pagar.

Otra desigualdad creciente es la de los tipos de contrato. Parece que cada año es más difícil para los jóvenes encontrar trabajo y sobre todo un trabajo bien pagado o remunerado.

Y también podemos incluir la desigualdad de género. Las mujeres en un gran porcentaje reciben menos por un trabajo igual al de sus compañeros varones.

Después de leer el texto, contesta a las siguientes preguntas.

1 ¿Para qué es necesario contar con dinero para vivir?

____

2 ¿Cómo se consigue ese dinero?

____

3 ¿Quiénes son los "sin techo"?

____

4 ¿Qué palabra indica "los esposos"? ______________________________

5 ¿Qué dos palabras indican el dinero que se recibe?

___________________ ___________________

6 ¿Cómo se menciona en el texto el compromiso entre los esposos?

____

7 ¿Con qué frecuencia puede recibirse el salario?

____

8 Cita dos profesiones donde los salarios son más altos.

___________________ ___________________

9 Nombra las tres categorías donde se produce desigualdad salarial.

____

____

____

Enfoques de aprendizaje

Habilidades de investigación

Busca información sobre la situación laboral en España y en los países hispanoamericanos.

Comparte tus hallazgos con tus compañeros.

Plantea propuestas para mejorar las condiciones laborales de los jóvenes en esos países.

Actividad 2: Preparación para la lectura del texto A

1 Empareja las palabras (1–13) con sus definiciones (a–m). Escribe la letra correcta en la columna del medio.

1 **empleador o contratante**		**a** vacilación o inseguridad
2 **empleado o trabajador**		**b** que sobra, innecesario
3 **herramienta**		**c** persona que ofrece trabajo
4 **escenario**		**d** persona que protege
5 **incertidumbre**		**e** inseguro y de poca calidad
6 **defensor(es)**		**f** conjunto de empleados
7 **detractor(es)**		**g** persona que desempeña un trabajo y cobra
8 **explotación**		**h** variedad o tipo
9 **redundancia, redundante**		**i** lugar en donde ocurre algo o circunstancias en donde se desarrolla
10 **precarización**		**j** abuso de algo
11 **modalidad**		**k** persona que se opone
12 **plantilla**		**l** instrumento de trabajo

2 Empareja los verbos (1–5) con sus definiciones (a–e). Escribe la letra correcta en la columna del medio.

1 **se requiera (requerirse)**		**a** durar (ocupar) más
2 **se extienda (extenderse)**		**b** privarse de algo o evitar algo
3 **se rige (regirse)**		**c** tener cuidado, mantener
4 **guardar**		**d** necesitar
5 **prescindan (prescindir)**		**e** guiar, dirigir

Consejos para el examen

Fíjate que hemos separado las tablas del vocabulario. En la primera hemos incluido palabras como sustantivos y adjetivos. En la segunda hemos incluido los verbos.

Siempre tienes que tener en cuenta que tipo de palabra se requiere en cada situación.

Los verbos terminan en *-ar*, *-er*, *-ir* o aparecen conjugados.

Algunos verbos terminados en *-ado* o *-ido* funcionan como adjetivos. Préstale atención a la función de cada palabra en la oración cuando busques significados, sinónimos o antónimos.

Práctica de comprensión de lectura (Prueba 2)

Texto A: Contratos flexibles: el contrato "cero horas"

Entre los distintos tipos de contratos laborales que existen está el contrato flexible conocido como contrato "cero horas" en **el cual** el empleador no fija una cantidad constante de horas de trabajo a la semana, sino que **éste** debe estar disponible para cuando se lo requiera. Este tipo de contrato se utiliza habitualmente en Inglaterra y también en otros países como Bélgica u Holanda. Al principio, este contrato se utilizaba solo con los jóvenes sin experiencia laboral, pero ahora su uso se ha extendido. Como cualquier tipo de contrato tiene sus defensores y sus detractores. Los primeros aseguran que es una buena herramienta en situaciones de incertidumbre en los negocios ya que el trabajador acude a trabajar durante periodos concretos y limitados en los que su productividad es máxima. Los segundos afirman que es una forma de explotación laboral.

Las condiciones del contrato "cero horas"

Este tipo de contrato está muy extendido en Europa, **(a)** ________________ en Gran Bretaña es el tipo de contrato o acuerdo más flexible que existe. Una de sus pegas es que la empresa no está obligada a dar determinadas horas de trabajo a la semana al trabajador, pero éste tiene que trabajar en exclusividad para esa empresa. Si bien el trabajador **(b)** ________________ tiene que aceptar la propuesta de trabajo obligatoriamente, se arriesga **(c)** ________________ no vuelvan a llamarlo para trabajar ahí. Un informe reciente estimó que el número de personas contratadas bajo este tipo de contrato en Reino Unido se aproxima al millón.

Otro estudio, en este caso realizado por la Resolution Foundation, indica que el salario medio semanal de las personas contratadas bajo esta modalidad es de £236 a la semana (aproximadamente 273€) frente a los 557€ semanales que cobran los trabajadores cuyo contrato es tradicional. La clave de esta diferencia es que en el contrato "cero horas" se pagan solo las horas productivas y no las horas en las que el trabajador no tiene nada que hacer.

Este tipo de contrato se utiliza mucho en los sectores hosteleros, de salud y, sobre todo, en las empresas tecnológicas. En un documental emitido por Channel 4, en Londres, un grupo de trabajadores denunció que Amazon los contrataba 12 semanas, los echaba y luego los volvía a contratar lo cual les impedía contar con los derechos propios de los contratos tradicionales.

Desventajas frente a ventajas: empeorar el empleo o permitir flexibilidad a las empresas

El periódico *The Guardian* destapó que el 90% de la plantilla de la empresa Sports Direct son trabajadores con contratos "cero horas". La mayor cadena de tiendas de deporte de Reino Unido tiene a unos 20.000 empleados con este tipo de contrato, según el rotativo británico. Sin embargo, la empresa que más lo utiliza es McDonald's: nueve de cada diez empleados está contratado según esta modalidad, lo que supone aproximadamente unos 80.000 empleados

Se puede decir que el cambio se da en la relación entre empleado y empleador. En el contrato "cero horas" la única relación existente es que el trabajador vende horas de trabajo y el empleador las compra, es decir una relación mercantil, a diferencia de los contratos tradicionales en los que se establece una relación laboral.

En otro estudio, uno de los expertos defensores de este tipo de contrato afirma que gracias a esta modalidad de contrato el desempleo en Gran Bretaña es casi nulo y que su economía es más fuerte que la de otros países cuya "economía es más rígida" (como España o Italia) pues los trabajadores pueden adaptarse así a la demanda de empleo.

Preguntas de comprensión

1 Basándote en el párrafo 1, decide si los enunciados son verdaderos (V) o falsos (F) y justifícalo con la expresión correcta.

a Con un contrato de "cero horas" los empleados saben exactamente el total de horas que va a trabajar en un mes. **V** ☐ **F** ☐

Justificación ______________________________

____

b El contrato de "cero horas" permite a los trabajadores organizar su trabajo con otras empresas, si lo necesita. **V** ☐ **F** ☐

Justificación ______________________________

____

c Ese contrato fue imitado por países como Bélgica y Holanda. **V** ☐ **F** ☐

Justificación ______________________________

____

d Algunas personas no están de acuerdo con este contrato. **V** ☐ **F** ☐

Justificación ______________________________

____

2 Basándote en el apartado *Las condiciones del contrato "cero horas"*, completa los espacios en blanco. Usa como máximo cuatro palabras por espacio.

a Los contratos de "cero horas" son muy comunes en ______________________________ .

b Si una persona no acepta el trabajo cuando le llaman, se arriesga a que __________

______________________________ .

c Aproximadamente un millón de personas en el Reino Unido, trabajan __________

______________________________ .

d Los trabajadores con este tipo de contrato, reciben el salario medio semanal de

______________________________ .

e Las empresas que usan más los contratos de "cero horas" son __________

______________________________ .

f Según Canal (Channel) 4, Amazon expulsó a unos trabajadores y los volvió a contratar, lo cual les impedía contar con los derechos propios de __________

______________________________ .

3 Basándote en el apartado *Desventajas frente a ventajas*, elige las cinco oraciones verdaderas. Escribe las letras de las opciones correctas en las casillas en blanco.

☐ ☐ ☐ ☐ ☐

A En Gran Bretaña, McDonald's es la empresa con más trabajadores que tienen contratos de cero horas.
B Sport Direct es, en Gran Bretaña, la empresa con menos contratos de cero horas.
C El periódico *The Guardian* hizo pública la situación laboral de algunas empresas de Gran Bretaña.
D Según *The Guardian*, McDonald's es la empresa con más tiendas en Gran Bretaña.
E La impresa Sports Direct tiene menos tiendas que McDonald's.
F La relación mercantil ha suplantado a la relación laboral, con la nueva situación laboral.
G La situación laboral en Gran Bretaña ha mejorado en los últimos años.
H Los defensores de los contratos de cero horas consideran que son mejores que los tradicionales.
I Las economías "rígidas" de Italia y España, se adaptan a la demanda laboral.
J Según un experto, la economía de Gran Bretaña es más fuerte gracias al uso de contratos de cero horas.
K España e Italia están introduciendo contratos de cero horas.

4 En el apartado *Desventajas frente a ventajas*, identifica las palabras que significan:

a descubrió ______________________

b periódico ______________________

c cero ______________________

d inflexible ______________________

5 Basándote en el primer párrafo, completa el cuadro siguiente, indicando a qué se refieren las palabras en **negrita** en el texto.

En las expresiones...	la(s) palabra(s)...	se refiere(n) al...
...contrato "cero horas" en **el cual** el empleador no fija...	el cual	
...sino que **éste** debe estar disponible...	éste	
...para cuando se **lo** requiera.	lo	

6 Basándote en *Las condiciones del contrato "cero horas"*, inserta las palabras que faltan en los tres espacios en blanco en el texto.

pero	tampoco	a que	para	no solo	porque

Para ir más lejos

Has leído características de este tipo de contrato en algunos países de Europa. Investiga sobre cómo funciona en España y algunos países de América Latina.

Después, compara los resultados con tus compañeros de clase.

Práctica de expresión escrita (Prueba 1)

250–400 palabras NM

450–600 palabras NS

Muchos de tus amigos que han terminado sus estudios te comentan que es muy difícil encontrar un trabajo y que tienen que aceptar salarios ridículos y condiciones laborales pésimas. Escribe un texto para plantear la situación, conseguir el apoyo de otros jóvenes y presentar posibles soluciones. Elige entre las opciones dadas un tipo de texto apropiado para la tarea.

Propuesta	Encuesta	Discurso

Antes de elegir el formato, ten en cuenta:

- cuál es más adecuado para la tarea
- cuál es el contexto
- cuál es el propósito del texto
- quién es el receptor
- cómo deben ser el tono y el registro

Práctica comprensión auditiva (Prueba 2)

Texto A: Perú, trabajadores denuncian la precariedad laboral

Vas a ver un video sobre la precariedad laboral en Perú. Contesta a las siguientes preguntas de acuerdo con el video.

Preguntas de comprensión

1 Empareja las palabras (1–13) con sus definiciones (a–m). Escribe la letra correcta en la columna del medio.

1 movilizaban		**a** relativo a masas
2 denunciar		**b** pelea, contienda
3 precariedad		**c** suspende
4 masiva		**d** que presenta dificultades
5 reivindicar		**e** acción de ampliar
6 lucha		**f** mayor extensión o número
7 problemática		**g** poner en movimiento
8 anula		**h** huelga
9 gratificaciones		**i** reclamar algo por derecho
10 ampliación		**j** dar noticia
11 aumento		**k** acción de advertir
12 paro		**l** recompensa o remuneración
13 advertencia		**m** que es precario

2 Contesta a las siguientes preguntas después de escuchar y ver el video.

a ¿Qué día es el primero de mayo?

______

b ¿Si no es para celebrar, para qué es esta fecha en Perú, según el video?

______

c ¿Qué tipo de día es el primero de mayo, según el señor López?

______

d ¿Qué exigen los manifestantes?

______

e ¿Qué pasa con los días de vacaciones?

______

f ¿Qué tipo de aumento piden?

______

Enfoques de aprendizaje

Habilidades de investigación, sociales y de comunicación

Busca información sobre la violencia en países latinoamericanos. También sobre la emigración de esos países hacia Estados Unidos.

¿Puedes corroborar si hay alguna relación con la situación laboral de esos países?

Piensa en posibles soluciones.

Comparte y llega a una conclusión grupal.

Puedes referirte al Tema *Cómo compartimos el planeta*, sección *Paz y conflicto* para encontrar información útil sobre las habilidades de investigación propuestas.

g ¿Qué proponen si no hay solución?

______

h ¿Cuándo va a ser el paro?

______

i El pacto social ¿a quién favorece, según el video?

______

j ¿Qué quiere decir que no se han tomado "el feriado"?

______

k ¿Según el presentador, cuántas personas aproximadamente han salido a la calle?

______

Texto B: 22,000 jóvenes profesionales desempleados

Vas a ver un video. Contesta a las siguientes preguntas de acuerdo con el video.

V

Honestamente: verdaderamente, en realidad

Valieron: sirvieron

Desempleados: sin trabajo, sin empleo

Vocación: afición, gusto, aptitud

Derecho: estudio de las leyes

Valorar: apreciar, estimar

Ámbitos: ambientes, entornos

Intentos: tentativas, pruebas

Puesto: empleo, cargo

Albergue: hospedaje, alojamiento

Preguntas de comprensión

1 Elige las respuestas correctas y márcalas en las casillas en blanco.

a Según Stephanie Henríquez, muchos años de estudio...

☐
A no sirven de nada.
B son una gran ayuda.
C facilitan la vida.

b Haber conseguido un título universitario:

☐
A garantiza encontrar un trabajo.
B no asegura encontrar un empleo.
C sirve para elegir distintos puestos de trabajo.

c ¿Qué estudios universitarios realizó Stephanie?

☐
A sociología
B psicología
C medicina

d ¿Cuántos jóvenes profesionales no tienen empleo?

☐
A 2 mil
B 12 mil
C 22 mil

e ¿Por qué razón no le dieron trabajo a Stephanie en un albergue?

☐
A porque no tiene experiencia
B porque es muy joven
C porque ya han cubierto el puesto

2 Completa las oraciones. Usa como máximo tres palabras por espacio.

a A la hora de encontrar trabajo, las mujeres ______

______.

b Los anuncios siempre piden una experiencia de entre cinco ______.

c La reportera visitó varias ______.

d 294,000 mil personas ______________________________.

e Las ofertas de trabajo ______________________________.

f La gente en la fila necesita ______________________________.

g Un joven dice que estuvo esperando más de ______________________________.

h El número más alto de desempleados en una ______________________________.

TDC

¿Hasta qué punto distintas modalidades de trabajo, salarios, o la falta de trabajo puede modificar el conocimiento y los valores de una sociedad?

Discute esta pregunta.

Oral (evaluación interna)

NM

Descripción de un estímulo visual

Contextualizar dentro del área temática al que pertenezca

Descripción de imágenes

Tiempo de preparación: 15 minutos

Describe estas fotografías: ¿Qué es importante? ¿Quiénes están? ¿Dónde están? ¿Qué sacas en conclusión?

Explica el contenido de la fotografía en el contexto del mundo laboral.

Indica tus opiniones ilustrándolas con ejemplos y justificándolas.

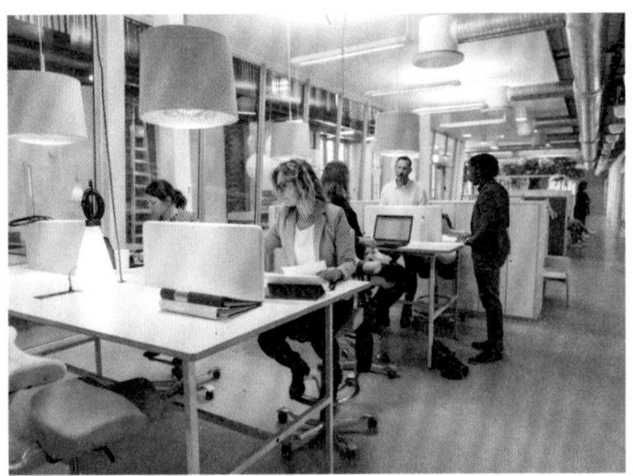

-Busca en un diccionario la definición de la siguiente palabra:

Comunidad

-Anota todas las acepciones que encuentres en la definición.

-Escribe oraciones en las que utilices la palabra con sus diferentes acepciones para practicar.

4.3 LA COMUNIDAD

Para empezar

Actividad 1: Vocabulario preparatorio para el texto A

La lista que viene a continuación ofrece actividades, mencionadas en el texto A, que sirven para mejorar las relaciones con la comunidad. Numéralas según la importancia que tengan para ti, después discute los resultados con tus compañeros.

Realizar pequeñas acciones de bondad.	
Saludar amablemente a los paseantes de tu vecindario.	
Con ocer a tus vecinos.	
Comprar en los comercios locales.	
Ir a los eventos comunitarios.	
Ser voluntario.	
Hacer un esfuerzo por platicar con alguien que pueda tener un pasado diferente al tuyo (o un punto de vista diferente).	
Personalmente dar la bienvenida a los nuevos vecinos de la comunidad.	
Organizar una fiesta o evento comunitario.	
Formar parte de un club o una organización social.	

Práctica de comprensión de lectura (Prueba 2)

Texto A: La importancia de vivir en comunidad

La comunidad de vecinos, la comunidad de un club social o la comunidad de aficionados a un deporte sirve de apoyo a sus miembros y mejora las relaciones entre ellos. Antiguamente, las personas vivían en comunidades pequeñas en las que todos se conocían y ayudaban si era necesario. El rol de una comunidad en cualquier barrio es apoyar a sus integrantes y hacer fuertes a los individuos que forman parte de él.

Sin embargo, la sociedad actual está cada vez más dividida debido a las nuevas condiciones laborales, con horarios más largos y más distancia entre los trabajos y los hogares, con mayor frecuencia de mudanzas entre ciudades lo cual impide conocer a los vecinos, con la aparición de nuevas tecnologías que tienden a aislarnos en vez de juntarnos. Todo ello hace que cada vez seamos más individualistas y menos comunitarios.

Cuando las personas sienten que pertenecen a una comunidad suelen ser más felices, se sienten más protegidos y están más dispuestas a proteger a los demás. La comunidad constituye una red fuerte, solidaria y estable que aporta beneficios al individuo y al grupo y mejora la sociedad.

Sin embargo, en la actualidad las únicas comunidades que permanecen son la familia por lo que el aislamiento, la soledad y la depresión son mucho más frecuentes que antes. Se produce un colapso social que aumenta la aparición de enfermedades mentales, el consumo de drogas y alcohol o la violencia en general.

La inseguridad en las ciudades ha llevado a la sociedad a un estado de miedo que ha impedido la creación de comunidades fuertes, pero se puede hacer un esfuerzo para volver a convivir en comunidad. Por ejemplo:

- apuntarse a un club o a una asociación local
- comprar en las tiendas del barrio
- hacer actividades de voluntariado en tu zona
- saludar a los vecinos, conocerlos y presentarte a los que llegan nuevos
- organizar un acto comunitario
- apuntarse a las asociaciones locales
- conocer las realidades de tu zona hablando con gente diferente

Todos podemos aportar nuestro granito de arena para conseguir que nuestra comunidad vuelva a la vida y sea fuerte de nuevo. Cada uno de nosotros lo podemos hacer. Hay que recordar que "nadie puede vivir mucho tiempo sin su comunidad".

V **Aportar un grano (granito) de arena:** realizar una pequeña contribución a algo o a alguna causa

Preguntas de comprensión

1 Basándote en los dos primeros párrafos, elige las respuestas correctas y márcalas en las casillas en blanco.

a Durante mucho tiempo, el objetivo de una comunidad ha sido...

☐

A crear un grupo fuerte y mejor.
B proteger y respaldar a sus miembros.
C transmitir una continuidad entre generaciones.
D favorecer y promover la amistad.

b Algunos cambios como el de los horarios de trabajo y de vivienda...

☐

A han reforzado la idea de grupo.
B han anulado las relaciones.
C han dividido a las sociedades.
D han mejorado la tecnología.

2 Basándote en la información de los párrafos 3 y 4, elige las cuatro frases verdaderas. Escribe las letras de las opciones correctas en las casillas en blanco.

☐ ☐ ☐ ☐

A La familia ha visto limitada su influencia.
B Se produce un desplome social.
C Aumentan los problemas sociales.
D La salud mental supone beneficios sociales.
E La gente puede aislarse.
F La sensación de grupo social se desmorona.
G Se anula la personalidad.
H Se maximiza el consumo de drogas.

3 En el último párrafo, ¿qué frase indica la importancia de la comunidad para el individuo?

____

4 ¿A **quién** o a **qué** se refieren las palabras en **negrita**? Contesta usando las palabras tal como aparecen en el texto.

a que forman parte de **él**... (párrafo 1) ____________________

b Cada uno de nosotros **lo** podemos... (último párrafo) ____________________

Texto B: Cómo mejorar nuestra comunidad

Puede parecer que vivimos en comunidades feas, sucias e incómodas que no pueden mejorarse; sin embargo, hay muchas formas por las que cualquiera de nosotros podemos embellecer los espacios comunes y alegrar la vista de los que viven en nuestra comunidad. Vamos a proponer algunas ideas para hacer de tu comunidad un lugar mejor, más bonito, más limpio y más saludable.

(a) ____________________

Seguro que en tu vecindario hay alguna parcela libre que se puede utilizar para transformarla en un jardín o huerto fértil y verde. Los vecinos más interesados en la jardinería y horticultura pueden ser los encargados de atender el jardín o huerto. Todo lo que se plante y recoja se puede vender y el dinero recolectado se puede usar para mejoras de la comunidad o también se puede repartir entre los miembros de la comunidad para que todos los disfruten.

(b) ____________________

Puede ser que en tu comunidad, al crecer en número de habitantes, haya aumentado mucho la cantidad de basura que se deja en la calle o en los contenedores y puede que haya veces que la zona parezca un basurero. Es fácil organizar grupos que se encarguen por turnos de la recogida de basura y conseguir, así, que la zona esté limpia y libre de malos olores.

(c) ____________________

Organiza exposiciones de arte en tu comunidad. Pide a los vecinos que muestren sus habilidades artísticas y que realicen obras con su nombre que se puedan exponer en las zonas comunes, en los portales, en los edificios y calles de la comunidad para que todo el mundo pueda verlas y disfrutar.

(d) ____________________

Se pueden organizar muchas actividades después del horario escolar para los jóvenes de la comunidad: partidos de fútbol o baloncesto, excursiones, juegos y charlas para que todo el mundo disfrute de un tiempo en común. Además, es una forma de que los chicos estén entretenidos y supervisados tras el colegio.

Preguntas de comprensión

1 Elige los títulos para cada uno de las párrafos del texto B e insértalas en el texto.

Creación de un jardín o huerto comunitario
Parcelas en movimiento
Vigilancia constante
El problema de la basura
Programa comunitario para la juventud
Placas para el recuerdo
Llena tu comunidad de arte
Actividades para los jóvenes

2 Encuentra las palabras en los dos primeros párrafos que signifiquen lo siguiente:

a aparentar ______________________

b adornar ______________________

c terreno ______________________

d fecundo ______________________

e prestar atención ______________________

3 Basándote en el contenido del texto, completa las siguientes oraciones usando los elementos de la columna de la derecha. Escribe las letras en las casillas en blanco. Cuidado, hay más respuestas de las necesarias.

a Organiza actividades después de la escuela, cuando los chicos... ☐

b Para que los jóvenes participen con la comunidad... ☐

c Involucra a gente con capacidades estéticas a participar en... ☐

d Expón las obras de arte producidas en... ☐

A tienen tiempo.
B están sin supervisión.
C corran y hagan deporte.
D crea un programa comunitario.
E la creación de obras de arte.
F elaboración de placas.
G en las parcelas verdes.
H los edificios y las calles.
I llegan a casa.
J los jardines comunitarios.

4 Elige la respuesta correcta y márcala en la casilla en blanco.

Este texto presupone que...

☐

A no hay ninguna persona interesada en la basura.
B no es posible mejorar nuestro entorno físico.
C hay muchas formas de mejorar las condiciones de una comunidad.
D es una práctica inútil organizar actividades comunales.

CAS

Crea un grupo de trabajo en tu instituto para mejorar las áreas comunes y las adyacentes:

- Concienciar a los alumnos de no tirar basura y recoger la tirada dentro y fuera del instituto o colegio.
- Ayudar a mantener las calles sin congestión de tráfico a las horas de entrada y salida del instituto.
- Minimizar y reciclar el uso de papel.

Organiza una serie de discusiones o debates sobre qué otras acciones deberían llevarse a cabo en la comunidad escolar.

Texto C: Las comunidades indígenas de América Latina

¿Qué se entiende como comunidad o cultura indígena? Normalmente, se define como los grupos humanos o etnias que preservan su cultura tradicional y que presentan características como pertenecer a tradiciones organizativas distintas al estado moderno. Según estimaciones de la ONU, se cree que hay unos 300 millones de personas que pertenecen a culturas indígenas de todo el mundo con sus propias tradiciones y formas de ver la vida y que habitan 5.000 pueblos asentados en 70 países. La OIT (Organización Internacional del Trabajo) reconoce, en el Convenio sobre pueblos indígenas y tribales (Convenio 169) a las comunidades indígenas respecto a sus costumbres, identidad y ocupación geográfica y establece el respeto a sus propias instituciones sociales, culturales, políticas y económicas.

En un sentido más amplio, la palabra indígena hace referencia a todo lo que es propio de una población originaria del territorio que habita, al ser su presencia en dicho territorio originaria o anterior a otra población. A día de hoy, y a pesar de ser una minoría que a menudo ha sufrido persecuciones y violaciones, muchas de las comunidades indígenas se han negado a cambiar sus costumbres y han defendido sus derechos en todo el mundo.

Las comunidades indígenas de Suramérica y Centroamérica
Se estima que existen 400 tribus compuestas por unos 50 millones de personas repartidas por todo Suramérica y Centroamérica. Los países con más densidad de indígenas son::

Perú
En Perú hay actualmente 55 pueblos indígenas u originarios identificados hasta la fecha por el Ministerio de Cultura de Perú. El pueblo aymara y el quechua se distribuyen principalmente por la sierra andina y el resto por toda la selva amazónica. Cada una de las comunidades indígenas peruanas posee su propio lenguaje, territorio y manera de vivir, con legados que se han mantenido a lo largo del tiempo.

Guatemala
En Guatemala viven en la actualidad 24 comunidades indígenas (achi, itza, mopan, uspanteko, etc.) aunque la etnia predominante es la maya. A pesar de representar una gran mayoría y contribuir a la economía del país sufren grandes limitaciones.

Bolivia
En Bolivia existen 34 comunidades indígenas, reconocidas como naciones según la Ley de Régimen Electoral, además de muchas otras no reconocidas como tales. El estado boliviano ha reconocido las características peculiares y tradicionales de estas etnias como una ventaja y una riqueza para lograr el desarrollo del país andino.

Colombia
La población amerindia de Colombia, según el censo de 2018, contabilizaba casi 2 millones de personas (el 4,4% de la población) y distribuida en 87 pueblos indígenas. Hoy en día no poseen derechos autónomos y sus costumbres se basan en conocimientos y tradiciones ancestrales heredados de sus ancestros y que se refuerzan para combatir el modernismo.

Preguntas de comprensión

1 Basándote en los dos primeros párrafos, responde a las siguientes preguntas.

a ¿Qué dos características identifican a la cultura indígena?

________________________ ________________________

b ¿Cómo reconoce la OIT a las comunidades indígenas?

____

c ¿Qué debe respetarse de estas comunidades?

____

d ¿A qué se refiere la palabra "indígena"?

____

e ¿Qué otro significado de “indígena” aparece en el texto?

____

f ¿Contra qué se han defendido las poblaciones indígenas?

____

2 Basándote en las culturas indígenas de Sudamérica y Centroamérica, decide si los siguientes enunciados son verdaderos o falsos y justifica tu respuesta con elementos del texto.

a La población indígena de Perú vive únicamente en la sierra andina. **V** ☐ **F** ☐

Justificación ____

____

b Las comunidades indígenas del Perú conservan su cultura desde hace muchos años. **V** ☐ **F** ☐

Justificación ____

____

c Las comunidades indígenas de Guatemala representan una minoría de la población. **V** ☐ **F** ☐

Justificación ____

____

d El estado de Bolivia considera las características indígenas muy poco importantes para desarrollar el país. **V** ☐ **F** ☐

Justificación ____

____

e Los conocimientos ancestrales de las tribus colombianas luchan contra las ideas modernas. **V** ☐ **F** ☐

Justificación ____

____

Texto D: Informe del Banco Mundial sobre las comunidades indígenas de América Latina en el siglo XXI

El último informe publicado por el Banco Mundial sobre el estado de las comunidades indígenas en América Latina indica que durante la primera década del siglo las comunidades o pueblos indígenas experimentaron avances sociales significativos, la pobreza se redujo y el acceso a los servicios básicos mejoró. Sin embargo, los pueblos indígenas no se beneficiaron en igual medida que el resto de latinoamericanos.

Según el informe, la combinación del crecimiento económico y buenas políticas sociales en países como Ecuador, Perú, Bolivia, Brasil y Chile disminuyó la pobreza de los hogares indígenas, mientras que en países como Ecuador, Nicaragua o México se cerró la brecha educativa que excluyó a los estudiantes indígenas durante mucho tiempo.

En la parte negativa, el informe también destaca que, a pesar de todo, queda mucho por mejorar. Las comunidades indígenas representan el 8 por ciento de la población, aproximadamente el 14 por ciento de los pobres y el 17 por ciento de los extremadamente pobres de América latina. Existen barreras estructurales que limitan su inclusión social y económica y aún al día de hoy, su acceso a servicios básicos y su capacidad para adoptar nuevas tecnologías son limitados, siendo estos aspectos clave en sociedades cada vez más globalizadas.

Es bastante habitual que el público crea que las comunidades indígenas viven en zonas rurales; sin embargo, casi la mitad de estas poblaciones vive en áreas urbanas y, a menudo, en zonas menos seguras, más pobres, más sucias y más propensas a sufrir cualquier desastre natural.

El informe sugiere abordar los asuntos indígenas desde una perspectiva diferente que, por primera vez, tenga en cuenta su cultura, su identidad y sus necesidades y poder, así, reducir la vulnerabilidad de estos pueblos.

Uno de los puntos más importantes en cuanto a soluciones es la educación. Durante las últimas décadas se han hecho muchos esfuerzos para mejorar la educación de los pueblos indígenas y, en la última década, se ha avanzado mucho en este sentido. Sin embargo, según el informe, todavía hay que trabajar para aumentar la calidad educativa y crear una educación bilingüe y culturalmente apropiada.

Según datos de 2010, México, Guatemala y Bolivia son los países con las poblaciones indígenas más grandes (más del 80 por ciento del total de la región) y la población total de indígenas en América Latina era, en esa fecha, de aproximadamente 42 millones de personas (casi el 8 por ciento de la población total).

Preguntas de comprensión

1 Basándote en los dos primeros párrafos, completa las oraciones con los contenidos del texto.

a La prosperidad a principios de siglo trajo a los indígenas ______________________.

____

b Por desgracia los pueblos indígenas ______________________ de la misma manera que el resto de población.

c En algunos países se redujo ______________________.

d En otros países la separación en la educación ______________________.

2 Basándote en el párrafo 3, responde a las siguientes preguntas.

a ¿Qué frase indica que las cosas pueden hacerse mejor?

____

b ¿Qué pone límites a la inclusión social y económica de los indígenas?

____

c ¿Qué aspectos son importantes en la sociedad globalizada?

____

3 Basándote en los párrafos 4 y 5, elige si los enunciados son verdaderos o falsos y justifica tu respuesta con elementos del texto.

a Todo el mundo piensa que la población indígena vive en zonas urbanas. **V** **F** ☐ ☐

Justificación ______________________

____

b En las ciudades las áreas de residentes indígenas y no-indígenas presentan los mismos problemas. **V** **F** ☐ ☐

Justificación ______________________

____

c Para mejorar la situación el informe sugiere contar con la opinión de la población indígena. **V** **F** ☐ ☐

Justificación ______________________

____

4 Basándote en los párrafos 6 y 7, elige las opciones correctas y márcalas en las casillas en blanco.

a Según el informe, la educación de la comunidad indígena en la fecha del informe...

☐

A ha disminuido en los últimos 10 años.
B ha mejorado en los últimos 10 años.
C ha sido una respuesta al reporte.
D se ha solucionado según el reporte.

b Se necesitan mayores esfuerzos para...

☐

A crear una educación multicultural.
B crear un sistema educativo global.
C crear un sistema de educación bilingüe.
D crear un sistema en español.

c La población indígena en América Latina en la fecha del informe...

☐

A consiste en 34 millones de habitantes.
B consiste en el 80% de la población.
C consiste en 42 millones de personas.
D consiste en 2010 habitantes.

Para ir más lejos

"Los pueblos indígenas representan el 8% de la población de América Latina, pero también constituyen aproximadamente el 14% de los pobres y el 17% de los extremadamente pobres de la región." (presentación en YouTube)

Después de ver el video, toma notas de las ideas más relevantes y discute con un compañero tus impresiones sobre el impacto de la pobreza en las comunidades indígenas.

Práctica de expresión escrita (Prueba 1)

250–400 palabras NM

450–600 palabras NS

Un grupo con quien realizas una labor de voluntariado, te ha pedido que organices una serie de actividades para niños de entre 8 y 12 años. Quieren tener acceso a un formato en el que puedan constantemente mejorar y modificar las actividades propuestas y que pueda llegar a mucha gente incluso en el extranjero. Escribe un texto donde incluyas las actividades que planeas y cómo poder compartirlas y actualizarlas. Elige entre las opciones dadas un tipo de texto apropiado para la tarea.

Página web	Cartel o afiche	Blog

TDC

¿Hasta qué punto la pertenencia a una o varias comunidades modifica nuestro conocimiento?

¿Qué tipo de conocimiento se puede ver determinado por esa pertenencia?

Piensa en algún tipo de conocimiento que pueda ser un ejemplo de la influencia de esa comunidad o grupo social con el que nos identificamos.

Enfoques de aprendizaje

Habilidades de pensamiento, de investigación y de comunicación

Los objetivos de la Fundación Mescladis y la asociación Al-liquindoi son humanitarios ya que se ocupan de los migrantes en diferentes países del mundo y les brindan diferentes tipos de ayuda (educación, salud, trabajo, etc.).

En grupo se elabora un artículo para la revista del instituto invitando a los demás alumnos a reflexionar sobre la situación de la migración en distintos países y los apoyos que reciben por parte de algunos grupos.

Antes de elegir el formato, ten en cuenta:

- cuál es más adecuado para la tarea
- cuál es el contexto
- cuál es el propósito del texto
- quién es el receptor
- cómo deben ser el tono y el registro

Práctica de comprensión de lectura (Prueba 2)

Texto A: Texto literario (novela gráfica) NS

Esta novela gráfica trata sobre diez inmigrantes en España provenientes de Marruecos, Senegal, Níger, Nigeria, India, Afganistán, Uzbekistán, Nepal, y Colombia. Después de muchas dificultades fueron acogidos por comunidades de apoyo y aquí se cuentan sus historias y las razones por las que tuvieron que abandonar su país.

La historia de Dilora, de Uzbekistan

Práctica de comprensión de lectura (Prueba 2)

Texto A: ¿Cómo ayudar a resolver conflictos entre amigos?

1 Identifica el problema

Lo principal que debemos hacer para resolver conflictos entre nuestros amigos es tener claro cuál ha sido el motivo real de su discrepancia; una vez que lo sepamos, podremos comenzar a buscar las mejores formas de ayudar a resolver el conflicto entre los involucrados.

Debemos tener cuidado con la información de terceras personas. Lo más recomendable es hablar con tus amigos y conseguir entender los puntos de vista de cada uno de ellos, para que tu perspectiva sea lo más objetiva y confiable posible. Cuando hayas conversado con tus amigos respecto a la situación, puedes sacar tus propias conclusiones del asunto.

2 Hazles entender que existen formas de solucionar los conflictos

Hay que brindarles a tus amigos las herramientas necesarias para que puedan afrontar su situación de una forma más adecuada.

Algunas personas tienen en mente que la única forma de afrontar las diferencias es por medio de la agresividad y la violencia; son sujetos poco tolerantes a la frustración. Hablando con cada uno de ellos de manera individual, deberás ir explicando cuáles son las otras maneras de solventar un conflicto existente. Por ejemplo, la comunicación asertiva, el respeto por las opiniones ajenas, la aceptación entre personas a pesar de las diferencias que puedan tener, etc.

3 Invítalos a que te cuenten cómo se sienten al respecto

Pregunta a tus amigos cómo se sienten respecto a la situación. De esta manera les darás la oportunidad de reflexionar sobre el comportamiento que están teniendo, y será más factible que se den cuenta de sus errores y quieran corregirlos. Probablemente te pidan consejos para solventar la situación con las otras personas implicadas.

4 Evita tomar partido de un lado

Es importante que te mantengas siempre imparcial para reconciliar a las partes implicadas en el conflicto. De no ser así, en lugar de calmar las cosas entre tus amigos, podrías acrecentar aún más la riña personal. Lo más recomendable es que les demuestres que puedes aceptar los puntos de vista de ambos sin tomar partido.

El ejemplo que puedas darles respecto a cómo afrontas la situación, y como eres capaz de mantenerte imparcial entre ellos, resultará ser un aporte fundamental para hacer que superen sus diferencias y vuelvan a ser buenos amigos. Muchas veces las personas aprenden más con el ejemplo que con las palabras.

5 Evita forzar la reconciliación

Algo que resulta totalmente contrario a la intención que tenemos de hacer que nuestros amigos se reconcilien de buena manera es intentar hacer este proceso de manera apresurada y forzada. Lo aconsejable es entender que tal vez tus amigos necesitan de un tiempo prudencial para reflexionar sobre lo que pudo haber pasado.

No trates de juntarlos sin su consentimiento para que hablen, esto puede terminar en una situación incómoda para todos, y luego será aún más complicado que tus amigos quieran verse de nuevo. Recuerda que nada que sea forzado trae consigo buenos resultados.

Para ir más lejos

Te invitamos a ver los siguientes videos sobre resolución de conflictos, que puede ayudarte a pensar en los conflictos, sus causas y sus posibles soluciones:

1 Métodos y Técnicas de Resolución de Conflictos sociales desde Trabajo Social:

2 Estrategias para resolver un conflicto (solo texto):

3 El siguiente video hablado en portugués (también llamado brasileiro), con texto en español:

4 Y te recomendamos la siguiente página web de OXFAM, en donde se hace un resumen de una serie de conflictos actuales en el mundo:

6 Pregúntales cómo harían para resolver el conflicto
A través de esta pregunta les estás dando a tus amigos la posibilidad de aceptar que quieren arreglar las cosas con las otras personas, y comenzará en su mente un proceso de planificación abocado a resolver el conflicto que pueda haber entre ellos.

Es importante que les des ideas adecuadas para que actúen de la mejor manera posible.

7 Hazles ver lo bueno de las otras personas
Es común que durante las peleas las personas únicamente se enfoquen en los aspectos negativos del otro, e incluso que los magnifiquen.

Tu función como amigo mediador del conflicto será reconocer y disminuir los sesgos que existan entre las partes involucradas, para que así puedan recordar las cosas positivas de cada uno de ellos.

8 Sugerirles verse para aclarar las cosas
No es lo mismo forzar una situación que hacer una sugerencia; debemos tener esto muy en cuenta para evitar malentendidos. Lo que debemos buscar es que nuestros amigos tengan la disposición de encontrarse personalmente para hablar sobre su conflicto y por qué ha surgido.

9 Entiende los motivos de cada uno
A pesar de que quieras que tus amigos se reconcilien, también debes tener en cuenta que ellos pueden tener sus motivos personales para haber decidido alejarse de algunas personas. No podemos pretender que por el hecho de que nosotros seguimos siendo amigos de alguien nuestros otros amigos también tengan que serlo, y tampoco hay que ridiculizar sus decisiones.

10 Respeta las decisiones finales
En caso de que hayamos intentado fallidamente todo lo que estuvo a nuestro alcance para que nuestros amigos superaran sus diferencias y volvieran a retomar su amistad, debemos aceptar sus decisiones personales y evitar tomar una postura insistente respecto a hacerles cambiar de idea. Cada persona es dueña de sus decisiones.

Preguntas de comprensión

1 Basándote en los párrafos 1 y 2, busca las palabras que significan:

a desacuerdo ____________________

b hacer frente ____________________

c solucionar ____________________

2 Basándote en los párrafos 3 y 4 del texto, busca las palabras o conjunto de palabras que significan:

a posible ____________________

b reunir ____________________

c pelea ____________________

d imparcial ____________________

3 Basándote en los párrafos numerados del 5 al 8, responde a las siguientes preguntas.

a Según el texto, ¿es recomendable insistir en una reconciliación rápida?

____

b Elige las tres acciones mencionadas en el texto que puede uno realizar para ayudar a los amigos a reconciliarse. Escribe las letras de las opciones correctas en las casillas en blanco.

☐ ☐ ☐

A Darles ideas convenientes.
B Pedirles que se pongan en contacto por redes sociales.
C Recordarles los aspectos positivos del otro.
D Juntarles en una reunión en tu casa.
E Aconsejarles que se vean.

4 Basándote en los párrafos numerados como 9 y 10, decide si los enunciados son verdaderos (V) o falsos (F) y justifícalo con la expresión correcta.

	V	F
a Si amigos nuestros se enfadan, es nuestro deber conseguir que restablezcan su amistad.	☐	☐

Justificación ____

____

	V	F
b No hay que seguir intentándolo, sino que tenemos que acatar sus resoluciones.	☐	☐

Justificación ____

____

5 Basándote en el texto al completo, completa las siguientes oraciones con palabras del texto.

a Sección 1: Una de las principales acciones para ayudar a nuestros amigos es

____

____.

b Sección 2: Podemos explicar a nuestros amigos que no es necesario usar la violencia o la agresión y que hay otras formas, como por ejemplo

____

____.

c Sección 4: Es también muy importante ser capaz de ____

____.

CAS y Lengua B

Primero prepárate en las técnicas de resolución de conflictos, y luego crea un grupo interno dentro de tu propio instituto o colegio para ayudar a los otros alumnos a resolver conflictos entre ellos o con sus profesores o familiares. Este grupo puede realizarse en las lenguas del instituto para ayudar a tus compañeros en su propia lengua.

Enfoques de aprendizaje

Habilidades de investigación y comunicación

¿Has oído hablar de resolución de conflictos? ¿Lo puedes explicar con tus propias palabras? Ve de nuevo el video:

Investiga sobre las distintas formas y técnicas de resolución de conflictos.

Haz una presentación utilizando un formato adecuado y que nunca hayas usado hasta ahora, para explicar al resto de tus compañeros tus hallazgos. Puedes usar un Prezi, un Powtoon, un Canva, Google slides o cualquier otro que encuentres.

Práctica para la Prueba 1, Uso de registro

250–400 palabras NM

450–600 palabras NS

Explica un caso en el que has tenido que intervenir para que tus amigos que no se hablan, se reconcilien.

1 Escribe un diario en el que la audiencia eres tú mismo (registro informal, tono íntimo).

2 Prepara un folleto (afiche o póster) para publicar en la revista del instituto, en el que la audiencia son tus compañeros (registro informal).

3 Escribe un manual de instrucciones en el que propongas algunos pasos a seguir ante una situación de resolución de conflictos. En este caso, la audiencia es un grupo de personas desconocidas (registro formal).

Práctica de expresión escrita (Prueba 1)

250–400 palabras NM

450–600 palabras NS

Has hablado con una amiga que está muy enfadada con otro de tus mejores amigos.

Escribe un texto en el que te pongas en contacto con tu otro amigo para preguntarle qué ha pasado y ofrécele tu ayuda para encontrar una solución. Elige entre las opciones dadas, el tipo de texto más apropiado para la tarea.

Correo electrónico	Carta formal	Blog

Antes de elegir el formato, ten en cuenta:

- cuál es más adecuado para la tarea
- cuál es el contexto
- cuál es el propósito del texto
- quién es el receptor
- cómo deben ser el tono y el registro

Práctica de comprensión de lectura (Prueba 2)

Texto B: Retos para América Latina en el siglo XXI: la violencia

La violencia

Existen dos retos principales a los que se enfrenta actualmente Latinoamérica con respecto a la violencia. El primero es un aumento de la violencia interpersonal a lo largo y ancho de la región, y el segundo es la violencia vinculada al crimen organizado, especialmente en áreas importantes para los mercados relacionados con la droga. Los medios de comunicación hacen visible constantemente este segundo tipo de violencia, que se ha convertido en una fuente de políticas de «mano dura» poco respetuosas con los derechos humanos, mientras que el primer tipo de violencia, la interpersonal, se cobra más víctimas cada año en los países de la región.

Buena parte de esta variabilidad se explica en virtud de los fenómenos sociales y demográficos. Las dos características que parecen estar impulsando la violencia son las estructuras demográficas con incrementos de hombres jóvenes y una creciente participación de la mujer en el mercado laboral (Rivera, 2016). Aunque estas grandes tendencias no permiten detallar con precisión las motivaciones subyacentes al aumento de la violencia interpersonal, no resulta inverosímil establecer la relación entre la violencia, unas estructuras familiares cambiantes, unas instituciones estatales debilitadas y la creciente presencia de hombres jóvenes sin orientación ni supervisión. Esta ausencia de supervisión o de control social, ya sea por parte de las instituciones sociales tradicionales (esto es, la familia) o de instituciones modernas (las escuelas y los hospitales), también puede suponer la base para la creciente violencia machista y la creación de bandas que pueden dedicarse a actividades ilegales.

La otra fuente importante de variabilidad no es la producción o el tráfico de drogas como tal, sino cómo se enfrentan los gobiernos a los mercados ilegales de la droga (Lessing, 2012). Hay algunos países clasificados como grandes productores relacionados con la droga, pero con poca violencia vinculada a ellos. Por el contrario, hay otros países con mercados de la droga menores o con unos territorios usados exclusivamente como rutas para el narcotráfico en los que hay unos niveles de violencia elevados asociados con estas actividades. Los gobiernos a veces se enfrentan, apaciguan o simplemente hacen la vista gorda con respecto al tráfico de drogas, dando lugar a resultados divergentes en términos de violencia.

(a) ____________________ las fuentes estructurales de la violencia desempeñen un papel importante en la explicación de la inseguridad en Latinoamérica, la percepción de mucha gente es que la principal fuente de la violencia y el crimen es la impunidad. La vida cotidiana en la mayoría de los países de la región transcurre con la expectativa de que las autoridades no serán capaces de intervenir cuando se cometa un homicidio o un atraco, y que, una vez que se hayan cometido, la expectativa es que las víctimas no reciban mucha ayuda.

Aunque lo más probable es que los delincuentes no sean castigados, o que si lo son, el castigo se verá atenuado por su relativo poder económico o político.
(b) ____________________, ha habido cambios importantes en las últimas décadas con respecto a la independencia de las instituciones judiciales y el control civil sobre el aparato coercitivo del Estado, el foco sobre la impunidad ha conducido a veces a políticas de «mano dura» que hacen aumentar el uso arbitrario de la violencia por parte de las autoridades contra los civiles, no respetar la impartición de justicia y considerar los derechos humanos como obstáculos que favorecen a los delincuentes. Paradójicamente, estas políticas no acaban fortaleciendo el imperio de la ley según lo prometido, sino que,
(c) ____________________, ponen de manifiesto la debilidad de unos estados que no dudan en recurrir a la violencia precisamente porque no pueden controlarla. A este respecto, las perspectivas son desalentadoras, y con vistas al futuro la región deben replantearse seriamente las premisas básicas sobre aquello que provoca violencia y qué la controla. Se debe reconsiderar tanto el papel del Estado como el de la sociedad sobre qué controla el uso de la violencia en la vida cotidiana y qué la exacerba.

Enfoques de aprendizaje

Habilidades de investigación, de comunicación y sociales

Después de leer el texto B, busca información sobre conflictos relacionados con la droga y los "cárteles" en América Latina. Piensa en cuáles pueden ser las causas para esta situación tan generalizada. Busca información sobre las propuestas para encontrar una solución y propón lo que tu piensas pueden ser soluciones a esos problemas.

Finalmente, en grupos, realicen un debate y compartan sus opiniones.

Preguntas de comprensión

1 Basándote en los párrafos 4 y 5, elige las expresiones que completen los tres espacios en blanco.

con tal de que	por lo mismo	además	antes de que
a pesar de que	siempre	por el contrario	

2 Basándote en los párrafos marcados, completa las oraciones según la información del texto.

a Párrafo 1: Los principales retos a los que se enfrenta América Latina son ________________________________.

b Párrafo 2: Dos de las características que promueven la violencia son ________________________________.

c Párrafo 2: La falta de supervisión familiar y social en los jóvenes ________________________________.

d Párrafo 3: La violencia depende más de la forma en que los gobiernos se enfrentan a los mercados ilegales de la droga, especialmente si hacen la vista gorda, que ________________________________.

e Párrafo 4: Según el texto, la principal fuente de violencia es ________________________________

f Párrafo 5: El problema de hacer uso de la "mano dura" en algunos países es que genera ________________________________.

g Párrafo 5: La debilidad de algunos estados se manifiesta porque tienden a ________________________________.

3 Basándote en los párrafos 4 y 5, busca las palabras o expresiones que significan:

a diaria ________________________________

b se lleve a cabo ________________________________

c aligerado ________________________________

d reforzando ________________________________

e agrava ________________________________

Actividad 2: Los Muros

Un tema interesante al hablar de paz y conflicto es la construcción de "muros". El Muro de Trump, por ejemplo, afecta a millones de latinoamericanos que quisieran emigrar a Estados Unidos para tener una vida mejor. Pero no es el único muro. ¿Has oído hablar del Muro de Berlín? Este muro fue construido alrededor de 1961 y duró 28 años, hasta 1989 en que fue destruido con la presencia de miles de personas y medios de comunicación. Significaba la unificación de las dos Alemanias y especialmente la reunificación de familias que habían quedado separadas por ese muro a cada lado de Berlín. Otro muro importante es el muro construido en Israel para separar a los palestinos de los israelíes.

Pero hay también un muro en América Latina entre Argentina y Paraguay. Es un muro de 4.000 metros del que no se ha hablado demasiado. ¿Lo sabías?

1 ¿Por qué crees que se construyen esos muros?

2 ¿De qué forma puede afectar a los habitantes de un lado y de otro?

3 ¿Podemos decir que afecta solo a las personas que intentan emigrar o a los que quieren cruzar una frontera por cualquier otro motivo?

CAS y Lengua B

Se organiza una sesión de Asuntos Globales sobre los muros y las diferencias económicas entre países para todo el instituto o colegio.

Se presentan las posturas divergentes y se analizan las razones por las que la gente decide emigrar.

Se eligen películas, canciones y estímulos visuales que pueden servir para entender la situación de las personas que emigran y los que viven en países receptoras en relación con situaciones de conflicto.

Es interesante notar que una situación semejante guarda estrecha relación con los temas Experiencias e Identidades.

Enfoques de aprendizaje

Habilidades de investigación, pensamiento crítico y de comunicación

En grupos, busquen información sobre la construcción de los muros en distintas épocas y países con las distintas opiniones de distintos grupos sociales y económicos.

Busquen información sobre "La Bestia", los trenes que utilizan los latinoamericanos para cruzar país tras país y llegar a los Estados Unidos. Ver apartado 2.3 Migración en el capítulo 2 Experiencias.

Después hagan un listado de los puntos a favor y en contra, y comparen las semejanzas y diferencias entre esos muros y sus objetivos.

Discutan esas distintas opiniones y terminen con un listado común de puntos a favor y en contra.

Busquen fotos, canciones y películas sobre este tema.

5.3 MEDIO URBANO Y RURAL

Para empezar

Actividad 1: Vocabulario relacionado con los medios urbano y rural

1 Empareja las palabras (1–16) con sus definiciones (a–p). Escribe la letra correcta en la columna del medio.

1 ciudad		**a** terreno en el que se plantan verduras, plantas, etc.
2 pueblo		**b** superficie terrestre
3 periferia		**c** lugar cerrado y cubierto para ser habitado
4 población		**d** lo urbano, en oposición a lo rural
5 huerto urbano		**e** conjunto de personas que habitan en un determinado lugar
6 suelo		**f** población de menor categoría
7 servicios públicos		**g** parte de un conjunto alejada de su centro, especialmente la de una ciudad
8 urbanización		**h** ciudad gigantesca
9 megalópolis		**i** actividad bajo control de un ayuntamiento para satisfacer necesidades de una comunidad
10 vivienda		**j** núcleo residencial urbanizado
11 rancho		**k** cada parte en que se divide un pueblo o ciudad
12 parcela		**l** construcción con materiales resistentes
13 jacal		**m** conjunto de elementos, dotaciones o servicios necesarios para el buen funcionamiento de un país, de una ciudad o de una organización cualquiera
14 barrio		**n** porción pequeña de terreno
15 edificio		**o** especie de choza (casucha o cabaña)
16 infraestructura		**p** lugar fuera de poblado, donde se albergan diversas familias o personas

Actividad 2: Medio urbano, o rural, y sus dificultades

1 ¿Qué ideas asociamos con la forma de vida en una ciudad o medio urbano y la de un pueblo o zona rural? Mira las imágenes e identifícalas. Después, organízalas en categorías: medio urbano o medio rural. En la última columna escribe algunas palabras que describan el medio urbano o rural y algunas características distintivas.

	Medio rural	Medio urbano	Breve descripción
		✓	**Ej.:** *Una plaza con mucha gente de paseo. Palomas y juegos. Parece un domingo y la gente descansa y pasea.*

2 Algunos de los problemas que encontramos tanto en el medio urbano como en el rural, son los siguientes tipos de contaminación o polución:

- lumínica
- del aire
- visual
- de residuos
- acústica
- alimentaria
- electromagnética
- radiactiva
- térmica
- congestionamiento de tráfico
- del agua

Mira la lista y señala cuáles de esas características se dan en los dos medios, rural y urbano, o solo en uno de ellos. Explica las que consideres más peligrosas. Discute los resultados con un compañero. Agrega otras características que conozcas.

Rural	
Urbano	
Más peligrosos	

Práctica de comprensión auditiva (Prueba 2)

Observa y escucha los siguientes videos y después contesta a unas preguntas sobre cada uno.

Texto A: Diferencia entre el campo y la ciudad (variante Argentina)

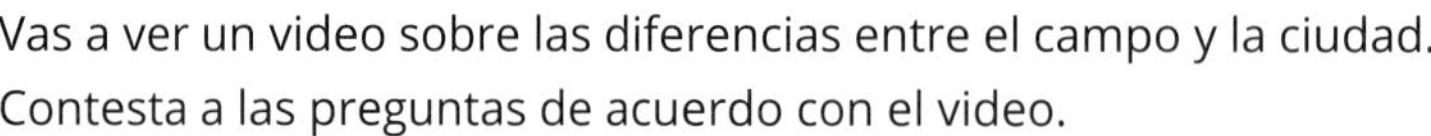

Vas a ver un video sobre las diferencias entre el campo y la ciudad. Contesta a las preguntas de acuerdo con el video.

1 En la siguiente tabla escribe las diferencias entre el campo y la ciudad que se mencionan en el video.

En el campo	En la ciudad
Vive poca gente.	
	Hay muchos edificios con negocios, viviendas y oficinas.
Las calles son de tierra.	
Trabajos que se realizan: • • • •	Hay muchas fábricas.

2 Después, escribe al menos tres de las otras diferencias que se mencionan; explica si es en el campo o en la ciudad.

- __________
- __________
- __________
- __________
- __________

Texto B: Raramuris, los corredores más resistentes del planeta

Vas a ver un video sobre los tarahumaras. Contesta a las preguntas de acuerdo con el video.

1 ¿Cómo llaman a los tarahumaras, y por qué les dan ese nombre?

____

____

2 ¿Con qué otros corredores compiten los tarahumaras?

____

3 ¿Qué apuestan cuando corren?

____

4 ¿Qué consumen que les da la fuerza necesaria?

____

5 ¿Cómo son los caminos en esa zona?

6 ¿Según la historia del tarahumara, por qué no quiso subirse a la camioneta que le ofreció llevarle?

7 ¿Cuántos *pies ligeros* viven aproximadamente en la sierra Tarahumara?

8 ¿Por qué no compiten en pruebas internacionales?

9 Después de ver este video, ¿crees que el medio ambiente en el que viven los tarahumaras tiene alguna influencia en su estilo de vida y esa importancia que le dan al de correr?

Texto C: Santa María Coapan, un pueblo que vive del maíz

Vas a ver un video sobre un pueblo en México. Contesta a las preguntas de acuerdo con el video.

1 ¿Qué predomina en el paisaje de Santa María Coapan?

2 ¿Cuál es el producto del que vive este pueblo?

3 ¿Cuáles son las características de esos terrenos que le dan un especial sabor a las tortillas?

4 ¿Qué nombre recibe el instrumento con el que las mujeres muelen el maíz?

5 ¿Cuántos kilos de tortilla cargan en sus "tenates" o canastas?

6 ¿A qué hora deben llegar a Tehuacán?

7 ¿Qué precio tienen 13 tortillas?

8 ¿Qué cantidad de tortillas se producen diariamente en el pueblo de Coapan?

9 ¿Qué trasmiten estas mujeres, las "cuapeñitas"?

Enfoques de aprendizaje

Habilidades de investigación y sociales

En grupos busquen información sobre los grupos indígenas mexicanos y compartan los hallazgos.

Busquen también información sobre indígenas en los otros países de América Latina y sus formas de vida. Pueden dividir los países, elegir el que más les interese y buscar un mínimo de dos grupos étnicos por país; por ejemplo, los tarahumaras y huicholes de México; los arhuacos y pasto en Colombia; los secuya en Ecuador, etc.

Utilicen formatos diferentes, videos, Prezis, PPT, películas, blogs, etc. para presentar la información sobre los grupos indígenas elegidos y compartirlo con el resto de los alumnos del instituto o colegio para poder crear conciencia sobre la situación en la que viven.

Punto de información

En Oaxaca, uno solo de los 31 estados de la República Mexicana, se calculan más de 60 etnias o grupos indígenas. Además de los 31 estados, hay un estado federal: la ciudad de México.

En algunas fuentes se habla de más de 520 grupos étnicos en América Latina. Es muy difícil saberlo con exactitud. En algunos países se tiende a minimizar su presencia.

10 Después de ver el video, ¿como podrías describir la vida diaria de estas mujeres, en relación con su medio ambiente y su actividad comercial para sobrevivir?

11 Localiza Santa María Coapa y Tehuacán en un mapa de México.

Texto D: 7 Pueblos fantasma de México/Pueblos abandonados

Vas a ver un video sobre pueblos abandonados en México. Contesta a las preguntas de acuerdo con el video.

1 Basándote en **el pueblo 7, Cerro San Pedro**, en San Luis Potosí, contesta a las siguientes preguntas.

a ¿Cuál era la principal actividad del pueblo?

b ¿En que año se abandonó el pueblo y por qué?

c ¿Qué hizo la compañía al abandonar el pueblo?

d ¿Cuántas personas viven ahora aproximadamente?

2 Basándote en **el pueblo 6, Ojuela**, en Durango, responde a las siguientes preguntas.

a ¿Cuál era la principal actividad del pueblo?

b ¿En que año se fundó el pueblo?

c ¿Qué nacionalidad tenían los fundadores?

d Menciona al menos tres metales preciosos que se encontraban.

e ¿Por qué se abandonó el pueblo?

f ¿Cuántos años tiene el puente colgante?

3 Basándote en **el pueblo 5, Mineral de Pozos** en Guanajuato, contesta a las siguientes preguntas.

a ¿Cuál era la principal actividad del pueblo?

___

b ¿Cuáles son los siglos de mayor prosperidad?

___

c Menciona al menos cuatro metales preciosos que se encontraban.

___ ___ ___ ___

d ¿Cuál es el motivo que originó la supuesta maldición que cayó sobre el pueblo?

___

e ¿Por qué se cerró la mina?

___

f ¿Cuántos habitantes viven ahora aproximadamente?

___

4 Basándote en **el pueblo 4, Viejo Guerrero**, en Tamaulipas, elige las cinco frases verdaderas. Escribe las letras de las opciones correctas en las casillas en blanco.

☐ ☐ ☐ ☐ ☐

A Es el pueblo más antiguo en el norte de México.
B Puede dar testimonio de la historia fronteriza entre México y Estados Unidos.
C Ninguno de los habitantes se fue del pueblo.
D La presa es una construcción entre Mexico y Estados Unidos.
E La presa se inauguró en 1844.
F Crearon la nueva ciudad de Guerrero en 1953.
G En 2004, una inundación causó el abandono del pueblo.
H El pueblo tiene un calor muy húmedo.
I Ahora han vuelto algunos de sus habitantes.

5 Basándote en **el pueblo 3, Mineral de Angangueo**, en Michoacán, completa los espacios en blanco. Usa como máximo cuatro palabras por espacio.

Puntos más importantes:

a Era un pueblo ___.

b El pueblo se fundó en ___.

c Hubo una serie de lluvias e inundaciones junto con ___.

d Los habitantes ___ en 2010.

e El pueblo ahora está habitado por ___ del bosque.

6 Basándote en **el pueblo 2, Real de Catorce**, en San Luis Potosí, añade la palabra faltante.

a Los indígenas ___ y reconstruyeron el pueblo.

b El principal metal extraído es ___.

c Su principal actividad era la ___.

d La población ___ a otras partes buscando trabajo.

e Fue un destino turístico popular en los años ___.

7 Basándote en **el pueblo 1, San Juan Parangaricutiro**, en Michoacán, contesta a las siguientes preguntas.

a ¿Qué sucedió en San Juan Parangaricutiro?

b ¿Cuántos habitantes murieron?

c ¿Cómo se describe su ambiente?

d ¿Cuál es tu impresión respecto a estos pueblos y el abandono de sus habitantes? ¿Tú podrías abandonar tu pueblo o ciudad? Explica tu opinión y justifícala.

TDC

¿Qué impacto puede tener en los habitantes de cualquier localidad la obligación de abandonarla?

¿Hasta qué punto su visión del mundo puede ser modificado por una situación semejante?

¿Qué puede determinar el que unos habitantes decidan quedarse a pesar de no contar con servicios públicos?

Enfoques de aprendizaje

Habilidades de investigación y pensamiento

En grupos realizen una búsqueda de pueblos abandonados en distintos países donde el español es la lengua oficial, (también en sus países de origen si les interesa) y presenten posibles alternativas para recuperar esos pueblos y repoblarlos.

Para ir más lejos

Puedes ver otros videos sobre pueblos abandonados:

Y leer algunos textos interesantes al respecto:

Práctica de comprensión de lectura (Prueba 2)

Texto A: ¿Cuáles son las diferencias entre el mundo rural y el mundo urbano?

Normalmente, entre los criterios más utilizados para diferenciar una zona rural de una zona urbana está el de número de habitantes, pero existen muchos criterios más para identificarlas y de todos ellos, el nivel de desarrollo es el más relevante. En todos los países hay zonas urbanas y zonas rurales. Normalmente, las zonas centrales de los países suelen ser las zonas más desarrolladas o más urbanizadas. Pero vamos a ver qué diferencias podemos mostrar para que sea más fácil comprender cada una de las zonas.

El mundo rural

El mundo rural está asociado al campo y a las actividades propias de éste: la agricultura (producción de productos como verduras y frutas) y la ganadería (producción de productos como leche, queso y carne). También la madera sale de las zonas rurales. Todos los productos derivados de estas actividades se llaman materias primas y una vez recogidos, se envían a las industrias para su procesamiento, antes de llegar a manos del cliente.

Respecto a la densidad de habitantes, en las zonas rurales suele haber menor población y más contacto entre ellas y la naturaleza. La gente suele vivir en pueblos pequeños, donde todos se conocen y se produce mayor contacto social. Hay menos ruido, más tranquilidad y el ritmo de vida es más lento. Aparte de las actividades ya mencionadas, en el mundo rural la oferta de empleo es reducida y la gente depende más del propio consumo que de los mercados y tiendas. Asimismo, los servicios públicos y las nuevas tecnologías son inferiores.

El mundo urbano: las medianas y grandes ciudades

Las zonas urbanas están asociadas a medianas y grandes ciudades en las que la densidad de población (número de habitantes) es elevada. En ellas existe gran industrialización (multitud de actividades asociadas a la industria), por lo que el desarrollo económico es mayor y, también, la oferta de empleo.

Las ciudades que componen las zonas urbanas cuentan con mayor número de edificaciones y coches que los pueblos, mayor oferta de alimentos, supermercados, tiendas y, en general, todo tipo de servicios (farmacias, médicos, ocio, recursos tecnológicos, etc.). La contaminación, el ruido, el ritmo de vida y el estrés también son mayores.

Zona rural	Zona urbana
Asociada al campo y a sus actividades propias	Asociada a las ciudades medianas y grandes
Menos número de habitantes	Mayor número de habitantes
Ritmo de vida más tranquilo, menos estrés y menos contaminación	Ritmo de vida más agitado, más estrés y más contaminación
Menor calidad de vida que en las ciudades debido a la falta de servicios y nuevas tecnologías	Mayor calidad de vida debido a la presencia de más servicios y nuevas tecnologías
El coste de vida suele ser menor y el coste de la vivienda es bajo	El coste de vida suele ser mayor y el coste de la vivienda es alto

Preguntas de comprensión

1 Identifica cuatro ideas que aparecen en el texto. Escribe las letras en las casillas en blanco.

☐
☐
☐
☐

A En términos generales, se considera rural a una zona localizada en el campo.
B En las zonas rurales la gente vive en áreas más reducidas.
C En las zonas rurales hay menos puestos de trabajo.
D En las zonas urbanas la gente vive con más ansiedad.
E En las zonas urbanas la calidad de vida es siempre mejor.
F En términos generales, las zonas urbanas son más caras.

2 Basándote en la introducción y en el apartado *El mundo rural,* contesta a las siguientes preguntas.

a ¿Qué zonas suelen ser las más prósperas de un país?

____

b ¿De qué sirven los productos de la agricultura y la ganadería?

____

c ¿Por qué es posible estar más en contacto con la naturaleza en las zonas rurales?

____

3 Basándote en el apartado de introducción, decide si estos enunciados son verdaderos o falsos y justifica tu respuesta con elementos del texto.

a El criterio único para distinguir la zona rural de la urbana es el número de personas. **V** ☐ **F** ☐

Justificación ______________________________

____

b No todos los países distinguen entre zonas rurales y urbanas. **V** ☐ **F** ☐

Justificación ______________________________

____

c Las zonas urbanas son más prósperas. **V** ☐ **F** ☐

Justificación ______________________________

____

Texto B: Ventajas y desventajas de las grandes ciudades

Ventajas

1. Servicios públicos
En las ciudades (medianas o grandes) existe todo tipo de servicios públicos: hospitales, centros de mayores, clínicas, colegios, estaciones de bomberos y protección civil, hoteles, etc. La atención de emergencias es más rápida y más fácil y el diseño de las ciudades está más pensado para personas con movilidad reducida, por lo que éstas suelen preferir vivir en ellas.

2. Empleo
Al existir en las ciudades más servicios (públicos y privados) y más industrialización, la oferta de empleo es mayor y mucho más diversa. Los trabajadores y profesionales pueden elegir entre una oferta más variada para trabajar.

3. Educación
Los mejores colegios, institutos, universidades y academias están en las ciudades y, cuanto mayores sean éstas, más oferta educativa tendrán.

4. Vivienda
Las ciudades suelen estar ordenadas en edificios de viviendas que cuentan con todas las normas de salubridad y urbanidad (agua, electricidad, gas, teléfono, ascensores, escaleras de incendio, aire acondicionado, etc.)

5. Transporte público
Las ciudades tienen una extensa red de transporte público (autobuses, metro, tranvías, taxi) que permite a los habitantes moverse con facilidad de un lugar a otro sin necesidad de usar o tener vehículo propio.

6. Viabilidad y urbanismo
En los países desarrollados, las ciudades están conectadas en su totalidad por avenidas, calles, vías ciclistas, pasos elevados, vías de tren y metro, distribuidores y espacios para peatones. Además hay zonas verdes donde relajarse y pasear.

7. Ocio
En las ciudades existe una enorme oferta de ocio y entretenimiento: teatros, cines, restaurantes, centros comerciales, cafeterías, gimnasios, tiendas especializadas, salas de concierto y actividades de ocio al aire libre.

Desventajas

1.
En las ciudades el número de coches, autobuses, motos y todo tipo de vehículos es elevado por lo que la contaminación ambiental es elevada. También, y debido a la cantidad de vehículos y gente, el nivel de ruido es enorme.

2.
En las ciudades proliferan los edificios de viviendas altos y con muchos apartamentos y pisos. La gente vive muy pegada a su vecino y, normalmente, los pisos son pequeños y, a veces, en ellos tienen que vivir juntas muchas personas.

3.
En las ciudades, la demanda de espacio es alta y el precio de las viviendas es elevado. Normalmente, es difícil encontrar algo económico para alquilar o comprar.

4.
En las ciudades grandes suele haber mucho desempleo y gente sin hogar. La criminalidad y la inseguridad es mucho más elevada que en ciudades o pueblos más pequeños.

5.
Las ciudades desarrollan gran cantidad de actividades en la calle, en los parques, en los bares y restaurantes, tanto de noche como de día, por lo que normalmente no suele haber mucha privacidad.

¿Qué prefieren los jóvenes?
Varios estudios realizados recientemente han demostrado que la gente joven prefiere la gran ciudad al campo. Los jóvenes se mudan a las zonas urbanas en busca de mejores oportunidades laborales, mejores servicios, más oferta de ocio y entretenimiento, más contacto con personas de otras culturas y más posibilidades de encontrar una vida mejor.

Preguntas de comprensión

1 Basándote en la parte *Ventajas*, elige al menos tres de las ventajas y explica porque son ventajas según el texto.

____

____

____

2 Basándote en la parte *Desventajas*, elige los títulos para cada párrafo. Escribe los números que corresponden en las casillas en blanco.

Precio de las viviendas ☐

Contaminación de aire y ruido ☐

Criminalidad ☐

Privacidad ☐

Hacinamiento ☐

3 Basándote en el párrafo *¿Qué prefieren los jóvenes?,* explica con tus palabras la razón por la que los jóvenes prefieren la ciudad.

____

____

____

Gramática en contexto

Adverbios de tiempo

Asegúrate de utilizar los siguientes adverbios de tiempo en tus oraciones para añadir información sobre el tiempo en el que ocurre la acción que relatas o describes y su frecuencia:

- generalmente, usualmente, frecuentemente, ocasionalmente, normalmente, anteriormente, etc.
- siempre, a veces, a menudo, de vez en cuando, nunca, ahora, antes, etc.

Ejemplos:

- *Generalmente voy en autobús al centro de la ciudad.*
- *Siempre me ducho por la noche.*

Práctica de expresión escrita (Prueba 1)

250–400 palabras NM

450–600 palabras NS

En varios programas de radio y televisión, has escuchado a jóvenes decir que prefieren vivir en una zona rural. Escribe un texto donde tratas de persuadir y convencer a los jóvenes de que es mejor vivir en la ciudad porque hay muchas más opciones de trabajo. Elige entre las opciones dadas un tipo de texto apropiado para la tarea.

Póster	Discurso	Blog

Antes de elegir el formato, ten en cuenta:

- cuál es más adecuado para la tarea
- cuál es el contexto
- cuál es el propósito del texto
- quién es el receptor
- cómo deben ser el tono y el registro

Gramática en contexto

Estructuras gramaticales para dar consejos

1 Verbo modal (deber, poder, tener que, hay que) + infinitivo

2 Imperativo

3 Verbos de sugerencia (sugerir, recomendar, aconsejar) + presente de subjuntivo

Ejemplos:

1 ***Debes tener*** *cuidado con la polución en las ciudades.*

2 ***Apaga*** *las luces,* ***compra*** *solo lo que necesitas,* ***bebe*** *agua no embotellada y* ***come*** *productos locales.*

3 *Te **recomiendo** que **vivas** en el campo.*

Ejemplos del imperativo negativo:

- *No dejes las luces encendidas.*
- *No bebas agua embotellada.*
- *No uses el coche para todo.*

Oral (evaluación interna)

NM

Descripción de un estímulo visual

Contextualizar dentro del área temática al que pertenezca

Descripción de imágenes

Tiempo de preparación: 15 minutos

Describe las fotografías siguientes: ¿Qué es importante? ¿Quiénes están? ¿Dónde están? ¿Qué sacas en conclusión?

Explica el contenido de la fotografía en el contexto del medio ambiente, medios rurales y urbanos y conflicto y paz.

Indica tus opiniones ilustrándolas con ejemplos y justificándolas.

Actividad 3: Vocabulario preparatorio para el texto literario NS

Empareja las palabras (1–10) con las fotos (a–j). Escribe la letra correcta en la columna del medio.

1 **semillas**		a 
2 palmo		b 
3 palma		c 
4 lluvia		d 
5 zanja		e 
6 barro		f 
7 charco/charcos		g 
8 azadón		h 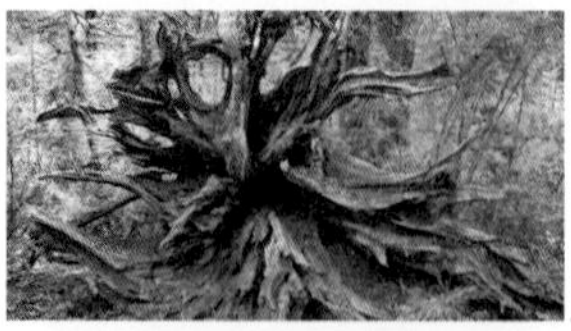
9 arado		i 
10 raíz/raíces		j 

Práctica de comprensión de lectura (Prueba 2)

Texto B: Texto literario: *Hombre que mira la tierra* NS

Lee el siguiente poema de Mario Benedetti.

Cómo quisiera otra suerte para esta pobre
reseca
que lleva todas las artes y los oficios
en cada uno de sus terrones
y ofrece su matriz reveladora
para las semillas que quizá nunca lleguen

Cómo querría que un desborde caudal
viniera a redimirla
y la empapara con su olor en hervor
o sus lunas ondeadas
y las recorriera palmo a palmo
y la entendiera palma a palma

o que descendiera la lluvia inaugurándola
y le dejara cicatrices como zanjones
y un barro oscuro y dulce
con ojos como charcos
o que en su biografía
pobre madre reseca
irrumpiera de pronto el pueblo fértil
con azadones y argumentos
y arados y sudor y buenas nuevas
y las semillas de estreno recogieran
el legado de viejas raíces

Benedetti, Mario (2014), *El amor, las mujeres y la vida*, Penguin Random House Grupo Editorial

Punto de información

Mario Benedetti

Nació en Tacuarembó, Uruguay, el 14 de septiembre de 1920, y murió en Montevideo en 2002. Realizó todo tipo de trabajos, algo que se refleja en su obra. Es uno de los más relevantes representantes de la literatura uruguaya de la segunda mitad del siglo XX y uno de los grandes nombres del llamado "boom" de la literatura hispanoamericana. Escribió novelas, poemas, dramas, cuentos, y realizó crítica literaria.

Te animamos a leer otros poemas y otras obras de este gran escritor uruguayo.

Actividad 4: Palabras en *Hombre que mira la tierra*

Fíjate en la utilización de las palabras: los verbos, sustantivos, adjetivos, etc. que aparecen en cada estrofa. En cada apartado hemos organizado un listado con las palabras con la indicación de la estrofa en las que aparecen.

Estrofa	Verbos	Sustantivos	Adjetivos
1	quisiera (pretérito imperfecto subjuntivo) lleva (presente) ofrece (presente) lleguen (presente de subjuntivo)	artes oficios terrones matriz semillas	pobre reseca reveladora
2	querría (condicional) viniera (pretérito imperfecto subjuntivo) empapara (pretérito imperfecto subjuntivo) recorriera (pretérito imperfecto subjuntivo) entendiera (pretérito imperfecto subjuntivo)	caudal palma lunas palmo	desborde ondeadas
3	descendiera (pretérito imperfecto subjuntivo) dejara (pretérito imperfecto subjuntivo) irrumpiera (pretérito imperfecto subjuntivo) recogieran (pretérito imperfecto subjuntivo)	lluvia cicatrices zanjones biografía madre barro ojos charcos pueblo azadones argumentos sudor semillas legado raíces	fértil oscuro dulce pobre reseca viejas

1 ¿Por qué crees que el verso 2, *reseca*, es el único verso de una sola palabra? ¿Y por qué se repite la misma palabra en el verso 18, *pobre madre reseca*?

____

____

____

____

2 ¿Cuál es el efecto del uso de las conjunciones "y/o" en el verso 5 y sobre todo a partir del verso 9?

____

____

____

3 En la primera estrofa, hay dos verbos en presente de indicativo: *lleva* (verso 3), *ofrece* (verso 5); y uno en presente de subjuntivo: *lleguen* (verso 6); luego uno en **pretérito imperfecto subjuntivo**: *quisiera* (verso 1). En el verso 7, *querría*, el verbo está en modo condicional. Y a partir del verso 8, todos en **pretérito imperfecto subjuntivo**: *viniera* (verso 8), *empapara* (verso 9), *recorriera* (verso 11), *entendiera* (verso 12), *descendiera* (verso 13), *dejara* (verso 14), *irrumpiera* (verso 19), *recogieran* (verso 22). ¿Por qué crees que elige este tiempo y modo verbal? ¿Sabes para que se usa el modo subjuntivo o el condicional? Mira la gramática que viene a continuación.

Gramática en contexto

El modo subjuntivo

Cuando quieres hablar de algo que deseas, esperas, crees o dudas, se utiliza en español el subjuntivo. Es el modo para expresar lo que no es real. Hay que recordar que puede ser real para otras personas, pero no para ti, o para el hablante, y por esa razón utiliza el subjuntivo.

Muchas veces va unido al condicional. También va con expresiones que refuerzan la idea de duda, creencia y posibilidad.

Ejemplos:

- *Me gustaría que lloviera (o lloviese).*
- *Querría que fuésemos (o fuéramos) todos juntos al festival.*
- *Tu padre quería que le llamases (o llamaras), pero ya es tarde.*
- *Espero que llegue a tiempo para la comida.*
- *Dudo de que venga a casa hoy.*

Ejemplos en forma negativa:

- *No creo que quiera venir.*
- *No pienso que pueda hacerlo.*
- *No dudes de que vaya a llamarte.*
- *Quisiera que no gritases (o gritaras) tanto.*

Basándote en los ejemplos anteriores, haz una serie de oraciones en las que expreses duda, miedo, incertidumbre, deseo, etc. para practicar el uso tan importante de este modo subjuntivo y su significado en español. Es probablemente el aspecto gramatical más complejo para los no nativos.

Enfoques de aprendizaje

Habilidades de investigación

Busca información sobre el uso del subjuntivo y el condicional, o pregunta a tus compañeros y profesor(a).

Preguntas de comprensión

Ahora contesta una serie de preguntas sobre el poema de Benedetti.

1 ¿Qué relación tiene el título con el poema?

2 Señala todas las palabras del poema que nos indican aspectos naturales del campo y de la naturaleza.

3 Haz un listado con palabras relacionadas con herramientas utilizadas en el campo.

4 Una vez analizadas las palabras elegidas por el autor de un poema, es más fácil entender el significado de este. Intenta ahora describir con tus palabras lo que el poeta ha hecho a través de sus versos.

5 Por último, intenta escribir un poema relacionado con el medio ambiente, la paz, los conflictos, o la influencia del medio en nuestras características y nuestra personalidad.

Reflexiones finales

Después de completar todas las actividades presentadas en esta área temática te invitamos a reflexionar sobre como las has llevado a cabo. Escribe tus reflexiones en la tabla.

Puntos positivos	
Puntos a mejorar	
Próximos objetivos	

Finalmente y basándote en los Criterios de evaluación, haz una autoevaluación sobre tu desempeño en las siguientes destrezas:

Comprensión de lectura	Bien	Necesito mejorar
Comprensión auditiva	Bien	Necesito mejorar
Producción escrita	Bien	Necesito mejorar
Oral individual	Bien	Necesito mejorar

Tipos de textos

Ten en cuenta algunas de las características de los textos propuestos en el cuaderno de trabajo:

Artículo (diario, revista):

- Registro variable, dependiendo de la audiencia, pero nunca informal
- Necesita título y nombre del autor.
- Requiere una explicación del tema o aspecto en qué se basa.
- Requiere la posición del autor.

Blog:

- Registro informal o formal
- Título atractivo para cada entrada
- Habla en primera persona.
- Conoce su audiencia, utiliza un estilo interesante para atraer el interés, y tiene un final invitando a comentar.

Carta formal:

- Registro formal y tono serio y respetuoso
- Identifica al receptor por nombre, dirección y título.
- Tiene fecha y día.
- Tiene introducción y final.

Carta personal:

- Registro semi-formal o informal
- Tiene fecha y día.
- Identifica al receptor en el saludo.
- Tiene introducción y despedida.

Correo electrónico:

- Registro informal
- Puede usar abreviaturas , por ejemplo tb (también) y/o xq (porque/por qué).
- Se dirige a una audiencia específica.
- Tiene un saludo inicial y un final claro.

Cuestionario:

- Registro variable dependiendo de la audiencia
- Tono neutro
- Deben añadirse diversas opciones por pregunta en forma de respuesta múltiple.
- Necesita título y emisor del cuestionario.

Diario personal:

- Es personal, no hay audiencia y siempre incluye la fecha, o el día.
- Es informal, utiliza la primera persona, no necesita clarificaciones pues el autor lo sabe todo.
- Puede empezar con "Querido diario" o algo similar.

Discurso:

- El registro depende del público al que se dirige (formal o informal).
- Necesita un saludo al público en general.
- Tiene una introducción y una conclusión.
- Necesita una despedida adecuada.

Encuesta:

- Registro variable dependiente de la audiencia
- Tono serio
- Preguntas precisas y orientadas al contenido principal de la encuesta
- Respuestas cerradas (Sí, No, No sabe/No contesta)
- Puede incluirse un análisis de los datos obtenidos.

Ensayo:

- Registro formal y tono serio
- Tiene título/tema.
- Desarrolla una opinión personal apoyada en ejemplos concretos.
- Necesita una conclusión sumativa.

Entrevista:

- Registro dependiente de quién sea la persona entrevistada (formal o informal)
- Tiene forma de diálogo (uso de iniciales de identificación del entrevistador(a)/ entrevistado/a).
- Tiene una presentación y saludo al personaje entrevistado.
- Necesita preguntas organizadas.
- Necesita respuestas coherentes y detalladas.
- Tiene agradecimientos al entrevistado y una despedida.

Folleto informativo:

- Tiene un título atractivo.
- Registro semi-formal
- Introduce brevemente el tema.
- Añadirá subtemas, puntos, números, etc.
- Incluye "contactar" a un número de teléfono o dirección electrónica.

Informe:

- Registro formal
- Necesita título.
- Presenta contenidos objetivos.
- Necesita una explicación apoyada en ejemplos concretos.
- Tiene un cierre o conclusión.

Manual (o conjunto) de instrucciones:

- Un registro semi-formal
- Se dirige a una audiencia concreta.
- Tiene un título claro y centrado.
- Establece los puntos a seguir de forma organizada ya sea por: puntos, subtítulos, números, etc.
- Incluye una conclusión.

Página web:

- Necesita un contenido fácil de entender.
- Lenguaje claro y sencillo
- Debe tener un diseño atractivo (títulos, fotos, accesos, etc.).
- Debe incluir la información de contacto.

Póster:

- Necesita un título atractivo.
- Tiene frases cortas y precisas.
- Utiliza dibujos o gráficos.

Propuesta:

- Registro formal y tono serio
- Debe identificarse el/la emisor(a) (quien escribe la propuesta).
- Necesita explicarse la motivación o justificación de lo propuesto.
- Debe incluirse la fecha.

Publicación en medios sociales o salas de chat:

- Generalmente registro informal
- Debe mostrar una interacción fluida entre los participantes.
- Incluye fotos, emoticonos, direcciones electrónicas, etc.

Reseña:

- El registro es formal y el tono subjetivo.
- Necesita la presentación de lo reseñado (libro, película, etc.).
- Expresa una valoración personal del contenido.
- Muestra los distintos aspectos positivos y negativos.
- Se necesita hacer recomendaciones.
- Tiene una conclusión.

Respuestas

1 Identidades

1.1 LA IDENTIDAD

Actividad 1: ¿A qué llamamos identidad?

1 1 d, 2 f, 3 a, 4 c, 5 b, 6 g, 7 e

2 *(Las respuestas variarán.)*

3 *(Las respuestas variarán.)*

Actividad 2: Identidad personal

(Las respuestas variarán.)

Práctica de comprensión auditiva (Prueba 2)

Texto A: ¿Qué es la identidad?

1 Un conjunto de características propias de una persona o un grupo. (Se entiende también como una imagen que tiene una persona o un colectivo sobre sí mismo en relación con otros).

2 Un documento de identidad es un trozo de papel con una serie de datos que ayudan a mantener el orden entre los ciudadanos de una misma nación, (pero nada dice de su portador que siente, cuáles son sus intereses, quién es en verdad).

3
- La identidad cultural está compuesta por elementos como las tradiciones los valores y las creencias que caracterizan a una determinada cultura.
- La identidad nacional es un sentimiento basado en la pertenencia a un estado o nación.
- La identidad de género es un conjunto de pensamientos y sentimientos de una persona que le permite identificarse con una categoría de género. (Se trata de un concepto diferente al de identidad sexual.)
- La identidad personal es un conjunto de características propias de una persona, y la concepción que tiene de sí misma en comparación al resto. La identidad personal es individual, dinámica y abarca diferentes dimensiones.

(Las respuestas pueden aparecer resumidas.)

Texto B: ¿Que es la identidad social? (Fray Martínez)

1 B, 2 C, 3 B, 4 A, 5 A, 6 A, 7 A

Texto C: Identidades sociales y liderazgo (Cris Bravo, de Costa Rica)

1 Las identidades sociales son posiciones sociales que van desde el privilegio hasta **la marginalización**.

2 Las identidades sociales son características nuestras o no **son tales**.

3 Cuando entramos a una reunión **traemos con nosotros** nuestra identidad social.

4 No se trata de encasillar a la gente, se trata de **reconocer esas identidades** sociales.

5 Las identidades sociales más comunes son **género, raza, religión, clase socioeconómica**.

6 Como líderes debemos acortar la distancia entre **los privilegiados y los marginados**.

7 Podemos acortar espacios **a través de las relaciones** y de la confianza.

8 La autoridad es muy importante cuando la identidad social del equipo es **similar** a la nuestra.

9 No es buena idea usar la autoridad como método para movilización de los seguidores cuando la identidad es diametralmente **opuesta o muy diferente**.

10 Lo más importante es la creación de **la confianza**.

Texto D: Identidades étnicas. Debate grupal Huilliche (Grupo indígena de Chile)

D, E, F, H, J

Texto E: Construcción de la identidad (Argentina) educatina.com

1 La identidad se construye de modo constante.

2 la etapa de la adolescencia

3 • social (referencia a país, familia y etnia a la que pertenecemos)
- género y sexual (femeninos o masculinos)
- moral (ética y valores adoptados de la sociedad a la que pertenecemos)
- física (refiere a las particularidades de nuestro cuerpo)
- ideológica (refleja forma de pensar)
- colectiva (la imagen que nos devuelven los otros acerca de nosotros mismos)

4 Todos los aspectos que hacen referencia a una persona influyen en su identidad, que está determinada por la visión de los otros acerca de nosotros mismos.

De acuerdo con la teoría del espejo de Jacques Lacan (psiquiatra francés), el espejo y las personas de su entorno que actúan a modo de espejo le dan un sentido de unidad a su yo. Al comienzo de ese yo la identidad de quienes somos está determinada por los otros que nos devuelven a modo de es pejo la percepcion de quienes somos. Para un niño su identidad está determinada por la opinión de los demás.

5 durante la adolescencia

6 Con el desarrollo de la mentalidad crítica, el poder de justificación y el conocimiento cognitivo abstracto acerca de quien soy, quien estoy siendo y quien quiero ser.

7 No termina con la adolescencia, sino que continuará en mayor o menor medida el resto del ciclo vital humano.

(Las respuestas pueden resumirse.)

Práctica de comprensión de lectura (Prueba 2)

Texto literario A: Mi país inventado

1 forastera, peregrina

2 **a** cortar el aire (me cortó el aire)
b romper (rompiendo) ataduras y/o dejando todo atrás
c secarse las raíces (se me secaron las raíces)

3

En las expresiones…	la palabra…	se refiere a…
de **los** que puedo recordar	**los**	*caminos*
se me secaron	**se**	*raíces*
lo han hecho	**lo**	*otras raíces*

4 **a** sin embargo
b no solo
c porque

5 **a** de América (se siente americana)
b Es una más dentro de la variopinta población norteamericana, tanto como antes fue chilena.

Práctica de expresión escrita (Prueba 1)

Blog

Actividad 3: Identidad en las redes sociales

1 B, **2** A, **3** B, **4** A, **5** B

Gramática en contexto

El imperativo

No te confíes	Confía
No aceptes	Acepta
Verifica	No verifiques
Da (aviso)	No des (aviso)

Práctica de expresión escrita (Prueba 1)

Artículo

1.2 LENGUA E IDENTIDAD

Actividad 1: ¿Cómo influye la lengua en la identidad?

(Las respuestas variarán.)

Práctica de comprensión de lectura (Prueba 2)

Texto A: Lenguas habladas en España

1 **a** vulgar
b se difundió
c se convirtió
d se diversificaron

2 Hispania

3 Galaico-portugués, leonés, castellano, navarro-aragonés, catalán y mozárabe.

4 **a** F. Justificación: mezcla del latín con las lenguas locales
b V. Justificación: castellano, catalán, euskera y gallego
c V. Justificación: La variedad de catalán recibe el nombre de valenciano.

5 **a** El español como lengua materna **es la segunda lengua más hablada del mundo**.
b Es el tercer idioma **más hablado contando hablantes como primera y segunda lengua**.
c Es el segundo idioma **más estudiado en el mundo**.

Actividad 2: Conflicto lingüístico (texto informativo preparatorio para la comprensión de lectura)

1 Cuando dos lenguas habladas en el mismo territorio no gozan del mismo prestigio.

2 a la lengua hablada en situaciones de carácter formal

3 a la relegada a situaciones familiares

4 Cuando dos lenguas conviven en equilibrio hay bilingüismo; cuando se rompe este equilibrio se llama diglosia.

Práctica de comprensión de lectura (Prueba 2)

Texto B: La importancia de las lenguas indígenas en América Latina

1 **a** En regiones de Perú y Bolivia el quechua convive con el castellano. Aunque el quechua es la lengua indígena más hablada, el castellano es la lengua dominante. Se utiliza el quechua para las profecías católicas y toma palabras del castellano.
b El náhuatl convive con el castellano en algunas regiones de México, en algunos lugares es la lengua materna pero el español es la lengua dominante. Hay bastantes palabras náhuatl que han pasado al castellano, productos agrícolas que los españoles trajeron a Europa y que se transmitieron a otras lenguas.
c El guaraní y el castellano conviven en Paraguay casi en equilibrio. La mayoría de los hablantes son bilingües, aun así, el castellano es la lengua oficial pero la literatura, las canciones son en guaraní.
d El aymara se habla en algunas áreas de Bolivia y Perú. Hay palabras aymara para hablar de cocina que se usan en castellano. El aymara usa palabras del castellano para suplir las que no existen, como por ejemplo las tecnológicas.
e El araucano se habla en zonas rurales de Argentina y Chile. Aunque la población ha aumentado, se han mudado a ciudades donde la lengua araucana ha dejado de hablarse.

2

a pesar de que/por el contrario	contraponer opiniones
así/efectivamente	exponer argumentos
aunque/sin embargo/ni tampoco	contraponer opiniones
especialmente/por ejemplo	añadir información
finalmente	ordenar secuencias
por que/ya que/en conclusión	sacar conclusiones

Para ir más lejos

(Las respuestas variarán.)

Práctica de expresión escrita (Prueba 1)

Artículo

1.3 ESTILOS DE VIDA

Actividad 1: ¿Qué son los estilos de vida?

(Las respuestas variarán.)

Práctica de comprensión de lectura (Prueba 2)

Texto A: Mi estilo de vida es…

1 **a** Compartir ciertos aspectos demográficos no significa **que pensemos de la misma manera o que llevemos el mismo estilo de vida**.
b Definir un estilo de vida permite **segmentar o agrupar a esas personas según su comportamiento**.
c Debido a la identificación de los estilos de vida, pueden encontrarse **actividades destinadas a estos grupos que comparten un estilo de vida**.

2 **a** anfitrión
b llevar a cabo
c mejora
d hogar
e publicidad

3 aventureros, impulsivos, activos

4 **a** cumplir con el deber
b en la experiencia previa
c por su estilo de vida tan agitado
d insomnio, problemas estomacales o del corazón

5 Cada persona es diferente y no siempre es posible encasillarla en un estilo de vida.

Actividad 2: Estilo de vida saludable

1 1 g, 2 d, 3 h, 4 j, 5 i, 6 c, 7 a, 8 e, 9 f, 10 b

2

Estilo de vida saludable	Estilo de vida sedentario
esquiar	trabajar con el ordenador
montar en bicicleta	ir a la oficina
pasear al perro	ir de compras
correr	sentarse con el teléfono
…	…
…	…

3 *(Las respuestas variarán.)*

4 *Posibles respuestas:*
- evitar sustancias tóxicas
- hacer ejercicio
- dormir un número de horas
- relajación
- dieta equilibrada
- aseo personal
- alimentación sana
- dedicar tiempo al ocio
- no usar el automóvil/usar transporte público

Práctica de comprensión de lectura (Prueba 2)

Texto B: Los estilos de vida que nos hacen más felices

1 bienestar, felicidad

2 A, D, F

3 **a** F. Justificación: aunque parezcan saludables porque hacen perder peso, no lo son en realidad.
b F. Justificación: Una dieta saludable nunca debe acompañarse por la obsesión de contar calorías.
c V. Justificación: Es necesario ser constantes y llevar unos hábitos alimentarios sanos a lo largo del tiempo.
d V. Justificación: Es muy beneficiosa para el corazón.
e V. Justificación: La mayor cantidad de calorías viene de alimentos ricos en hidratos de carbono.
f F. Justificación: Deben evitarse las frituras.

4 **a** sedentaria
  b serias – salud física y salud emocional
  c tres días a la semana
  d la agenda

5

Para autocuidado	Para la autorrealización
alimentación	tener objetivos
actividad física	plan de acción

6 'a corto, medio y largo plazo'
Un plazo es un periodo de tiempo que puede durar un día, un mes o un año por ejemplo.

Práctica de expresión escrita (Prueba 1)

Discurso

1.4 CREENCIAS Y VALORES

Actividad 1: Las creencias y los valores

(Respuestas 1 y 2 variarán según la interpretación de los alumnos.)

2

Significado positivo	Significado negativo
creer	diferir
pensar	negar
opinar	dudar
aceptar	contradecir
afirmar	rechazar
tolerar	tolerar
valorar	
considerar	

3

creer	dudar
aceptar	rechazar
considerar	diferir
opinar	contradecir

7 *(Las siete oraciones variarán.)*

Actividad 2: Creencias y valores

(Las respuestas variarán.)

Práctica de comprensión de lectura (Prueba 2)

Texto A: Texto informativo: ¿Qué son las creencias? (adaptado)

1 *(Deben responder con tres de estas cinco opciones.)*
- determinan lo que somos
- cómo es la gente
- cómo es el mundo
- qué esperamos de la vida
- qué esperamos de nosotros

2 **a** determinan
  b entorno
  c ocasionar
  d topamos

3 B, D

4 El cerebro confunde la realidad y la imaginación.

5 **a** Si bien
  b este
  c las
  d también
  e Hay

6 las limitantes y las facilitadoras

Texto B: Tipos de creencias

1 a medio
  b retribuye
  c nos dicen
  d impiden
  e fortalecen

2 *(Las respuestas variarán pero deben basarse en los contenidos del texto B.)*

Práctica de comprensión de lectura (Prueba 2)

Texto C: Creencias y valores

1 un sentimiento de certeza (o seguridad o verdad) sobre (el significado de) algo

2 nos ponemos límites/nos limitan

3 Se trata (quiere decir) de las distintas perspectivas con las que analizar nuestra realidad (Si cambiamos de gafas podemos ver la realidad desde otro punto de vista) (Todo cambia según el color del cristal con que se mira).

4 a En el momento de actuar, y para decidir si podemos o no, consideramos **nuestras creencias**.
  b Las creencias dependen de la forma en que comprendemos **los acontecimientos que nos han sucedido en nuestra vida**.
  c Las creencias impulsoras son aquellas **que debemos trabajar**.
  d Los valores son **nuestras creencias personales**.
  e Los valores nos ayudan a diferenciar **lo bueno de lo malo**.
  f y nos ayudan a crear **una dirección, o línea a seguir**.

5 a para evitar conflictos internos
  b Varios son semejantes a los atributos del perfil de la comunidad de aprendizaje del IB, por ejemplo: respeto, integridad, honestidad. Los otros son cercanos: imparcialidad, adaptabilidad, confianza, tolerancia, simpatía, versatilidad, alegría. *(Pueden variar.)*
  c Los valores influyen en nuestra actitud; si los tenemos claros, nuestra actitud es clara.
  d La actitud como pincel y la posibilidad de elegir los colores (es decir, colores vivos y optimistas, alegres o colores oscuros y tristes o violentos).

Práctica de comprensión auditiva

Texto A: Identifica Tus 9 Creencias Limitantes/ Inteligencia Emocional/Coaching (variante España)

1 Tenemos que reconocerlas.

2 como afirmaciones conscientes o inconscientes que te repites en tu diálogo interno

3 identificándolas primero

4 lo que otras personas te dicen

5 (creencias) de capacidad, (creencias) de posibilidad, (creencias) de merecimiento

6 social, personal, profesional

7 ¿Seré capaz (de hacer o conseguir algo)?

8 ¿Es posible?

9 ¿Me lo merezco?

10 a ser capaz
   b merecer

Texto B: La tolerancia

1 a la aceptación de personas o situaciones
  b la diversidad de opinión

2 a social
  b étnica
  c cultural
  d religiosa

3 a También se define la tolerancia como **saber escuchar y aceptar a los demás**.
  b La tolerancia es entendida cómo **respeto hacia la diferencia**.
  c El espíritu de tolerancia **es el arte de ser feliz en compañía de otros**.
  d Es una disposición a admitir en los demás **la manera de ser distinta de la propia**.
  e Ser tolerante no implica que deban aceptarse **costumbres o leyes** que vayan contra la moral.
  f La educación es fundamental para adquirir **valores humanos, virtudes y actitudes**.
  g La tolerancia debe aprenderse **en el seno familiar**.

Práctica de expresión escrita (Prueba 1) (página 33)

Discurso

Práctica de expresión escrita (Prueba 1) (página 34)

Informe

Aplicación de vocabulario

Debemos aceptar las creencias de los demás.
Tenemos que rechazar la intolerancia y la falta de respeto.
Es necesario valorar las creencias de todos para mejorar la convivencia.

2 Experiencias

2.1 ACTIVIDADES DE OCIO: VIAJES Y VACACIONES

Actividad 1: Transporte y diferentes tipos de viaje

(Las respuestas variarán.)

Actividad 2: Tipos de viajes de ocio

Foto 1: Paquete turístico (traslados y visitas guiadas)
Foto 2: Trotamundos (viajan con mochila)
Foto 3: Turismo rural (pequeños pueblos/casas típicas)
Foto 4: Privados (hotel de lujo)

Práctica de comprensión de lectura (Prueba 2)

Texto A: Viajes que invitan a soñar

1 **a** en la capital, Buenos Aires
b mayor cantidad de actividades y se reúne el transporte del país
c a Perito Moreno y a las cataratas de Iguazú
d "Argentina no es un territorio pequeño"

2 **a** El viajero que quiere viajar por Argentina suele **hacerlo partiendo de Buenos Aires**.
b Hay que tener en cuenta que la frecuencia de vuelos **no es ilimitada por los que se puede optar por otras formas**.
c Viajar en coche tiene ventajas como **moverte libremente sin estar sujeto a horarios o trayectos fijos**.
d Para viajar por Argentina es recomendable **que contrates un seguro y que consultes el estado de las carreteras**.

3 B, E, F

Gramática en contexto

Formas verbales

Infinitivo	**Futuro**	**Condicional**
haber	Ej: habrá	*habría*
permitir	*permitirá*	*permitiría*
poder	*podrá*	*podria*
ser	*será*	Ej: sería
ayudar	*ayudará*	ayudaría

Texto B: Una de las maravillas de Costa Rica

1 **a** en las provincias de Guanacaste y Alajuela
b acampar, hacer senderismo o recorrer zonas a caballo, disfrutar de una comida campestre
c bañarse en aguas termales, nadar, hacer *rafting*
d debido a la gran extensión del parque, su ubicación, la actividad volcánica y la diferencia de altitudes
e El lado occidental es más árido.

2 **a** En el parque se pueden realizar **multidud de actividades**.
b El lado este, por el contrario, sufre **los viento alisios procedentes del Océano Atlántico**.
c En estos bosques existen **multidud de especies de animales y plantas**.

d Desde la estación de Santa María se puede **seguir multitud de senderos para realizar caminatas o paseos a caballo**.
e En las Pailas se puede **acampar para pasar la noche en el parque**.

3

Accidentes geográficos	Condiciones climáticas
Ej. Cordillera de Guanacaste	*árido*
Mar Caribe	*estación seca*
Océano Pacífico	*vientos alisios*
volcán	*lluvia*
vegetación	*húmedo*

Texto C: Mojácar, pueblo sobre fondo azul

1 **a** regalar solares
b preservar la arquitectura tradicional
c casas de dos plantas, blancas y sin tejado
d artistas, embajadores y millonarios
e vecinos en burro y mujeres con media cara tapada

2 **a** V. Justificación: dejó la colina sobre la que se asentaba
b F. Justificación: posición defensiva más ventajosa
c V. Justificación: las ruinas están saliendo a la luz
d F. Justificación: lo respeta y lo cuida

3 **a** empinada
b epítome
c vericuetos
d entresijos
e deambular
f trufadas

Práctica de expresión escrita (Prueba 1)

Blog de viaje

Práctica de comprensión auditiva (Prueba 2)

Texto A: 5 lugares de Bolivia que parecen de otro planeta

Valle de la Luna

1 a C, b A, c A

Laguna colorada

2 **a** en Potosí
b tintas cambiantes
c a los sedimentos y pigmentos de algas
d la luz del día y el clima

Caverna de Umajalanta

3 **a** La caverna de Umajalanta presenta **7 km de extensión**.
b las rocas en forma de aguja de **60 millones de años**
c La caverna está formada por **bóvedas y galerías**.

Géiseres Sol de Mañana

4 B, C, E, G

Salar de Uyuni

5 **a** Es el desierto de sal más grande del mundo.
b para amantes de la fotografía y turismo de aventura
c como un espejo gigante
d la gravedad

2.2 RITOS DE PASO

Actividad 1: La quinceañera

1 e, 2 d, 3 g, 4 f, 5 c, 6 b, 7 a

Actividad 2: ¿Cómo se celebra la fiesta de la quinceañera?

1 Marca el paso de la infancia a la edad adulta.
2 porque hay una gran presencia de comunidades latinoamericanas
3 un vestido largo de gala

4 el vals
5 las 15 personas más importantes (para la quinceañera)
6 La quinceañera deja la niñez para ser adolescente.

Práctica de comprensión de lectura (Prueba 2)

Texto A: Experiencias que marcan la vida

1 **a** (no pudo) derrochar
  b porque le gustaba llevar vestidos hermosos y maquillarse un poco
  c clases humildes y familias tradicionales de clase alta
  d en clubes, restaurantes, salones

2

En las expresiones...	la palabra...	se refiere a...
asistió a unas **cuantas**	cuantas	las fiestas de 15 años
las que cumplían 15	las	las chicas, muchachas, quinceañeras
lo distante de **ambos** paises	ambos	Cuba y Ecuador

3 A Claudia B
Sofia D
En Cuba E
En Ecuador H

Gramática en contexto

El pretérito indefinido o pretérito perfecto simple y el pretérito imperfecto

tenía	pretérito imperfecto	acción continua
preparó	pretérito indefinido	acción completa
reconoció	pretérito indefinido	acción única
hacía	pretérito imperfecto	acción continua
se esforzaba	pretérito imperfecto	acción continua
resultaba	pretérito imperfecto	acción continua

Texto B: Quinceañera y feminismo

1 **a** quienes
  b Sin embargo
  c aunque
  d pues

2 **a** F. Justificación: cada vez menos común
  b V. Justificación: gran importancia en México y otros países
  c F. Justificación: la carga de símbolos sociales no se ha diluido pero ha cambiado
  d F. Justificación: desplegar un aparato social y festivo

Práctica de expresión escrita (Prueba 1)

Artículo periodístico

Actividad 3: Breve historia de los gitanos en España

(Las respuestas variarán.)

Práctica de comprensión de lectura (Prueba 2)

Texto C: El mundo gitano y sus tradiciones

1 **a** originalidad de la ceremonia y lo divertido e interesante de sus fiestas
  b tres días
  c ceremonia tradicional, ceremonia religiosa, un banquete en el que participa toda la comunidad

2 **a** F. Justificación: rito católico, evangélico, u ortodoxo
  b V. Justificación: familias numerosas
  c F. Justificación: siendo los contrayentes muy jóvenes
  d V. Justificación: pedir la mano a la familia de la novia
  e F. Justificación: ser absolutamente fiel

3 **a** alrededor
  b prestado
  c suegro
  d damas
  e pajes

4 a A, b B, C c

2.3 MIGRACIÓN

Actividad 1: Artículo 13 de la Declaración Universal de los Derechos Humanos

(Las respuestas variarán.)

Actividad 2: Vocabulario

1 1 f, 2 d, 3 g, 4 b, 5 a, 6 c, 7 e

2 **a** como refugiado, expatriado, sin papeles
b expatriado
c razones para la migración (políticas, religiosas, guerras)

Práctica de comprensión de lectura (Prueba 2)

Texto A: El drama de la inmigración de menores

1 **a** F. Justificación: la mayoría
b V. Justificación: Europa del este y Oriente Medio

2 **a** Llegan a España cada año centenares de **niños y adolescentes en un especial estado de vulnerabilidad**.
b A mediados de 2019 habían alcanzado **la cifra de 12.301**.
c Las siglas MENA significan **Menores Extranjeros No Acompañados.**
d Estos jóvenes son traslados a centros de acogida hasta que **su situación se aclare**.

3 **a** deshumanización, criminalización
b a robar y abusar del país
c exclusión y desamparo

4

Razones sociales	Razones políticas
pobreza	guerra
desestructuración familiar	persecución
hambre	violencia
falta de expectativas	violación de los derechos humanos

5 **a** prioridad
b bienestar
c integración
d cometido
e adversidad
f lanzarse

6 B

Texto B: Armando, la travesía de un inmigrante

1 **a** hace un par de días
b disfrutar de los mismos derechos (que los ingleses)
c cuando Armando tenía 11 años
d para regresar a Puebla
e con su abuela materna
f con sus dos hermanos menores

2 a C, b B

3 a B, b D, c E

4 **a** V. Justificación: en la calle tirados sin hacer nada
b V: Justificación: la arman con frecuencia
c F. Justificación: siempre extrañas lo tuyo
d F. Justificación: me gustaría cambiar
e F. Justificación: el trabajo de repartidor es agotador

5 **a** ganar
b ser caro
c vivir con deudas
d el que lo determina todo

Gramática en contexto

Discurso directo y discurso indirecto

Armando: No, en Inglaterra no. No es porque tenga nada en su contra. Es sólo que me gustaría vivir en otros lugares, ya que salí joven de mi país y he estado otro tiempo viviendo en uno diferente, me gustaría ir cambiando porque me canso fácilmente de los lugares. Italia, por ejemplo, de donde procede Francesca, me gusta mucho, porque es un pais muy animado y con lugares hermosos.

Armando responde que no le gustaría quedarse a vivir en Inglaterra aunque no es porque tenga nada en su contra. Añade que es solo porque le gustaría vivir en otros lugares ya que salió muy joven de su país y lleva algún tiempo viviendo en uno diferente. Indica que le gustaría ir cambiando porque se cansa fácilmente de los lugares. Concluye diciendo que Italia, de donde procede Francesca, le gusta mucho porque es un país animado y con lugares hermosos.

Texto C: *Clandestino* (NS)

1 **a** burlar la ley
  b perdido en el corazón/De la grande Babylon
  c no llevar papel
  d una raya en el mar
  e fantasma en la ciudad

2 *(Las respuestas variarán.)*

3 **a** Significa, paradójicamente, a todos los habitantes de esos países.
  b *(Las respuestas variarán.)*

4 *(Las respuestas variarán.)*

Para ir más lejos...
(Las respuestas variarán.)

Práctica de comprensión auditiva (Prueba 2)

Texto A: Migrantes escalan el muro fronterizo entre México y Estados Unidos

C, D, F, H, I

Práctica de expresión escrita (Prueba 1)

Artículo periodístico (de opinión)

Actividad 3: Crisis migratoria en el Mediterráneo

1 1 d, 2 e, 3 a, 4 f, 5 b, 6 c

2 *(Las respuestas variarán.)*

Para ir más lejos...
(Las respuestas variarán.)

Actividad 4: El tren de la Bestia

(Las respuestas variarán.)

3 Ingenio humano

3.1 EL ARTE Y LAS EXPRESIONES ARTÍSTICAS

Actividad 1: Texto preparatorio

1 *(Las respuestas variarán.)*

2 *(Las respuestas variarán.)*

3 1 i, 2 d, 3 j, 4 h, 5 g, 6 c, 7 a, 8 f, 9 k, 10 b, 11 e

4 *(Las respuestas variarán.)*

Práctica de comprensión de lectura (Prueba 2)

Texto A: Características del arte (texto visual)

1 **a** Podemos saber que es, pero **¿cómo podrías explicarlo?**
  b Con el arte se busca conseguir un grado de belleza que a la vez **expresa sentimientos e ideas** de una persona en su proceso de creación.
  c La persona que hace arte se denomina artista y lo que crea se denomina obra de arte. El arte hace evidente **la cultura y la historia del artista**.

d Algunas personas toman el arte como profesión y estudian teorías y técnicas precisas y elaboran un arte **con significados complejos**.
e Este arte se encuentra en lugares como museos, teatros, salas de conciertos. **Se denomina** arte académico.
f También encontramos arte **en la vida diaria**, obras de amigos, vecinos, o tal vez nuestras.
g Ese tipo de arte lo aprendemos a **hacer solos**, o con ayuda de alguien con experiencia.
h Aparece en las calles o en nuestros hogares. Se le conoce como **arte popular**.

2 **a** F. Justificación: (También) se asocia con las artesanías.
b F. Justificación: El arte académico y el popular tiene valor (para la sociedad y la cultura de un país).
c V. Justificación: El arte popular nace y se nutre de las vivencias del pueblo y el arte académico se nutre de teorías y conceptos.
d V. Justificación: Para crearlo se necesita un estudio formal y teórico.

3 *(Las respuestas variarán.)*

Texto B: Expresión artística

1 a B, b C

2 A, D, E, H

3 **a** procedimientos
b herramientas
c innumerable
d figurativos

4 **a** Ayuda en su desarrollo emocional y social.
b hacer garabatos en un papel y modelar con plastilina
c la comunicación no verbal

Práctica de comprensión auditiva (Prueba 2)

Texto A: La cueva de Altamira — breve presentación

1 a los ritos y a las creencias
2 en paralelo a las ocupaciones del vestíbulo
3 17.500 años
4 como la cueva de los caballos
5 por los bisontes polícromos
6 con carbón
7 bisontes, caballos, cabras, ciervas y ciervos
8 como algo imprevisto
9 con las obras maestras de cualquier tiempo
10 negro y rojo
11 la transparencia de las rocas
12 grietas y relieves naturales
13 hace 14.000 años
14 instrumentos rotos, restos de su alimentación, cenizas y carbones
15 un gran derrumbe y las lluvias

Texto B: ¿Qué es el arte?

1 Si los artistas hacen cosas trascendentes decimos que son **pretenciosos**.
2 Si hacen cosas sin pretensión decimos que son **superficiales y frívolos**.
3 ¿Están los artistas contemporáneos a la altura de las **expectativas de los amantes del arte?**
4 ¿Están los amantes del arte a la altura de lo que el arte **les puede ofrecer**?
5 El arte es el intento del hombre por alcanzar lo **inalcanzable**.
6 **a** llenar un pozo sin fondo
b cruzar un mar sin orillas
c subir una escalera de infinitos peldaños
7 Los artistas son aquellos con poder para **conseguir todas estas cosas**.
8 Puede que los artistas no estén **a la altura de nuestros deseos**.
9 Si no encontramos todas estas cosas **las buscaremos en otro sitio**.

Gramática en contexto

Verbo	Sufijo	Adjetivo	Prefijo	Adjetivo
abarcar	-ble	abarcable	in-	*inabarcable*
alcanzar	-ble	alcanzable	in-	*inalcanzable*
calcular	-ble	calculable	in-	*incalculable*
comprender	-ble	comprensible	in-	*incomprensible*
concebir	-ble	concebible	in-	*inconcebible*
conocer	-ble	cognoscible	in-	*incognoscible*
confesar	-ble	confesable	in-	*inconfesable*
contemplar	–		in-	
creer	-ble	creíble	in-	*increíble*
cuestionar	-ble	cuestionable	in-	*incuestionable*
descifrar	-ble	descifrable	in-	*indescifrable*
describir	-ble	descriptible	in-	*indescriptible*
destruir	-ble	destructible	in-	*indestructible*
enmarcar	–		in-	
escuchar	–		in-	
evitar	-ble	evitable	in-	*inevitable*
explicar	-ble	explicable	in-	*inexplicable*
expresar	-ble	expresable	in-	*inexpresable*
igualar	-ble	igualable	in-	*inigualable*
imaginar	-ble	imaginable	in-	*inimaginable*
imitar	-ble	imitable	in-	*inimitable*
narrar	-ble	narrable	in-	*inenarrable*
oir	–		in-	
perdonar	-ble	perdonable	im-	*imperdonable*
perturbar	-ble	perturbable	im-	*imperturbable*
prescindir	-ble	prescindible	im-	*imprescindible*
remediar	-ble	remediable	i-	*irremediable*
reparar	-ble	reparable	i-	*irreparable*
repetir	-ble	repetible	i-	*irrepetible*
representar	-ble	representable	i-	*irrepresentable*
resolver	-ble	resoluble	i-	*irresoluble*
someter	–		in-	*inexpugnable*
soportar	-ble	soportable	in-	*insoportable*
sostener	-ble	sostenible	in-	*insostenible*
superar	-ble	superable	in-	*insuperable*
tocar	-ble	tocable	in-	*intocable*
traspasar	–	traspasable	in-	*impenetrable*
ver	-ble	visible	in-	*invisible*

Texto C: El nuevo boom del arte latino

1 Precio mínimo: B. Precio máximo: E

2 Precio mínimo: A. Precio máximo: D

3 *Oh Mágico* y se vendió por 100.000 dólares.

4 *Pared con incisiones a la fontana II* y se vendió por 1.800.000 dólares.

5 1 d, 2 c, 3 a, 4 b

6 por 5.600.000 dólares

7 *El Trovador* (de Rufino Tamayo)

8 (Asciende a) 50 millones de dólares.
9 Brasil registró un incremento del 38% en los últimos años.
10 curadores expertos en arte latinoamericano
11 Adquieren obra y organizan excepcionales exposiciones.
12 Es más lucrativo invertir en arte latino que en otra cosa.
13 25.000 dólares
14 entre 500.000 y 700.000 dólares
15 que las obras de estos artistas se iban a multiplicar por 20
16 mejor producción artística, globalización, tecnología, comunicación
17 el surgimiento de una nueva generación de curadores y académicos que prestan atención a los artistas emergentes y tienen una visión más mundial
18 El crecimiento económico de países latinos ha contribuido al boom del arte.
19 Están cerrando la brecha que los separa del mundo desarrollado.

Práctica de expresión escrita (Prueba 1)

Folleto

Práctica de comprensión de lectura (Prueba 2)

Texto A: Texto literario: *El paraíso en la otra esquina* (NS)

1 **a** de salvaje
b (lo contempló) con satisfacción
c lo real y lo fantástico forman una realidad
d

vida	muerte
objetiva	subjetiva
realista	irreal

2 a B, b A, c B

3 **a** V. Justificación: el colchón negro como los cabellos de la niña
b F. Justificación: la almohada rosa... parecía haber contagiado
c V. Justificación: chispas, destellos, fosforescentes
d V. Justificación: sugerían una cascada lanceolada

4 **a** un tótem
b desvanecerse
c tumefactos
d cesura
e celajes

3.2 TECNOLOGÍA E INNOVACIÓN CIENTÍFICA

Actividad 1: Ciencia y tecnología

1 para desarrollar el conocimiento científico
2 para facilitar su propio avance
3 permite la práctica de experimentación y verificación (de hipótesis)
4 de interdependencia

Actividad 2: Influencia de la ciencia y la tecnología

(Las respuestas variarán.)

Práctica de comprensión de lectura (Prueba 2)

Texto A: Relación entre ciencia y tecnología

1 **a** al progreso de las civilizaciones
b la búsqueda incesante de conocer de manera lógica y racional las maravillas y prodigios que lo rodean
c en la ciencia
d explorando otras alternativas para complacer y cumplir sus necesidades
e su voluntad de crear y construir
f bienes, servicios, desarrollos, técnicas y procedimientos

2 A, C, E

3 **a** la observación empírica como método primordial de **la investigación científica**
b las fórmulas matemáticas para enunciar **las leyes de la física**

4 **a** análisis de los acontecimientos
b formulación de hipótesis
c verificación de las hipótesis

5 **a** V. Justificación: la ciencia y los métodos empíricos se unen
b V. Justificación: sistematizacion de los métodos de producción en un ámbito sociocultural
c F. Justificación: complementándose (en el conocimiento científico).

6 **a** La ciencia **explica los fenómenos**.
b La tecnología **inventa, perfecciona y mejora objetos, procedimientos, técnicas y manufacturas**.

Texto B: Entrevista a cuatro científicas por alumnos del Instituto Público Príncipe de Asturias

1 **a** el 11 de febrero
b **i** promover el acceso y participación de mujeres y niñas
ii visibilizar el trabajo de las científicas
iii fomentar la vocación investigadora en las niñas
c punto de encuentro entre alumnos e investigadoras

2 Susanna B, Carmen D, Silvia E, Ana H

3 **a** a simple vista
b tinte

4 **a** F. Justificación: en realidad me gustaban las dos cosas
b V. Justificación: me fascinaba la astronomía
c V. Justificación: yo tuve suerte

5

En las expresiones...	la palabra...	se refiere a...
cuando **les** afecta el virus	les	*los frutos*
que **se** puedan ver	se	*los síntomas*
que **nos** ayudan	nos	*los científicos*

6 **a** se produce una mutación
b las células dejan de funcionar (bien)
c aparece un tumor

7 la luz UV (ultravioleta)

8 a B, b C, c A

Texto C: El siglo XXI comienza con grandes avances científicos

1 **a** lustros
b innumerables hallazgos
c destacados
d asesoramiento

2 **a** en junio de 2008
b de un lago subglacial
c en forma de hielo/en estado sólido

3 B, D, E

4 **a** La nanotecnología se mide **en nanómetros.**
b Esta tecnología tiene aplicaciones muy diversas como en **la industria textil**, **la agricultura**, **la ganadería o la cosmética**.
c Al ser una nueva tecnología también tiene **su cara oscura** como el impacto en el medio ambiente.
d En la industria textil se usa para **el desarrollo de tejidos inteligentes**.
e Dentro de un tiempo se usará esta técnica para **asuntos diversos**.

Para ir más lejos
(Las respuestas variarán.)

Práctica de comprensión auditiva (Prueba 2)

Texto A: La realidad virtual al servicio de la ciencia

1 La Universidad politécnica de Cataluña ha diseñado **una sala de cinema en tercera dimensión**.

2 Esto permite **ver el interior del cuerpo humano** como si estuviéramos dentro.

3 Además permite la interacción del usuario **para adentrarse en los objetos**.
4 Según el director del proyecto, estando dentro del modelo se puede comprender mejor **el tema de la planificación**.
5 El proyecto se ofrece **también a empresas** que quieran probar sus diseños digitales.
6 Se está preparando para la siguiente etapa, **palpar los objetos**.
7 Conseguir estos resultados necesitará **alrededor de una década**.

Texto B: Ética en la ciencia y el progreso

1 a C, b B, c A

2 **a** **i** las investigaciones científicas
ii la ciencia moralmente neutra
b sistema ordenado de conocimientos estructurados
c fenómenos naturales, sociales y artificiales
d análisis ético en la relación que hay entre la ciencia y la sociedad
e **i** responsabilidad moral de los científicos
ii forma de llevar investigaciones que involucran violaciones a principios éticos

3 **a** **i** combate la ignorancia
ii traza caminos eficaces
iii satisface necesidades
b **i** honestidad
ii independencia de juicio
iii amor a la libertad intelectual
iv sentido de la justicia
v tomar en cuenta las opiniones de otros

4 porque se orienta a formar mejores personas, más humanas y respetuosas de ellas mismas, de los demás y del medio ambiente

5 El verdadero progreso tiene que ver más con el conocimiento, la capacidad intelectual puestos al servicio de la comunidad con el objetivo de mejorar la calidad de vida.

Texto C: Texto literario: *Un ser humano invencible, pero…* (NS)

1 ha llegado a su cénit
2 invencible
3 mediante satélites
4 de cualquier infección
5 ilimitadamente
6 no se pudren
7 tarea ingrata
8 el canto del cuco, el ladrido de un perro o el zumbido de una mosca
9 porque está solo

Para ir más lejos
(Las respuestas variarán.)

Práctica de expresión escrita (Prueba 1)

Página de blog

3.3 COMUNICACIÓN Y MEDIOS

Actividad 1: Texto preparatorio

1 **a** para difundir la comunicación
b textos, sonidos, imágenes o audiovisuales
c los que llegan a muchos receptores
d porque pueden influir en el comportamiento

2 *(Las respuestas variarán.)*

Práctica de comprensión de lectura (Prueba 2)

Texto A: El problema de los jóvenes y la invasión de medios de comunicación

1 **a** absorbiendo
b bombardear
c incertidumbre
d moldear

2

Ventajas	Desventajas
Sirven para informar y enseñar	Modificar conductas, creencias
Podemos comunicarnos con todo el mundo	Contenidos negativos o ilegales
Inmensa fuente de información	Confundir y crear hábitos insanos
Conocimientos lúdicos e interesantes	
Ampliar horizontes y conocimientos	

3 **a** con lo que observan en televisión e Internet
b Produce una distorsión de valores.

Texto B: Lo negativo de las nuevas tecnologíass

1 **a** V. Justificación: se ha convertido en nuestro principal medio de comunicación
b F. Justificación: también sus desventajas son palpables
c V. Justificación: menores de edad, personas con problemas emocionales y de relación
d F. Justificación: puede empujarnos a abusar

2 **a** Puede surgir la adicción a Internet para **escapar de la rutina**.
b El peligro que conlleva la realidad virtual **es la creación de personalidades virtuales**.
c La realidad virtual no refleja lo que somos sino **lo que querríamos llegar a ser**.
d Los niños tienden a obsesionarse con **ciertos videojuegos**.
e Para los adultos existen adicciones negativas como **las apuestas (o las compras compulsivas**.

3 **a** **i** la obesidad
ii el sedentarismo
b **i** problemas de visión
ii dolor de espalda
iii problemas de sueño
c **i** irritabilidad
ii ansiedad
iii mal humor
iv impaciencia
d Se produce un aislamiento paulatino.

4 A, D, F

Texto C: El cuarto poder

1 **a** en los medios de comunicación
b dejando a un lado los diarios deportivos
c *El País, El Mundo, 20 Minutos*
d el diario gratuito *20 Minutos*

2 a B, b A, c B, d C

3 **a** F. Justificación: el ciudadano no tiene tiempo de digerir
b V. Justificación: es capaz de ejercer control (sobre la inmensa mayoría)
c V. Justificación: depende del sesgo del medio en cuestión
d F. Justificación: opinamos igual que el periodista (que transmite la noticia)

Gramática en contexto

(Las respuestas variarán.)

Texto D: ¿Por qué nos gusta cotillear de los famosos?

1 **a** glamuroso
b cotillas
c culpabilizarnos

2 1 MG, 2 TA, 3 TA, 4 MG, 5 TA, 6 MG, 7 TA

Práctica de comprensión auditiva (Prueba 2)

Texto A: 5 puntos inolvidables antes de hacer una campaña publicitaria

1 A quién va a comprar sus productos y usar sus servicios.
2 porque si no lo saben no van a saber cómo hablarles
3 tener un diferencial con respecto a la competencia
4 cuando mejor podamos llegar al cliente
5 Depende de si es local, nacional o internacional.
6 los medios de comunicación con los que se dirigen a los usuarios
7 del plan financiero de la compañía

Para ir más lejos
(Las respuestas variarán.)

Texto B: Ventajas y desventajas de las redes sociales

1 **a** Es una comunidad virtual que permite **comunicarse con gente de todo el mundo**.
b El perfil puede ser **público o semipúblico**.
c También tiene una lista de contactos y puede generar contenidos como **fotografías y videos**.
2 **a** para ahorrar tiempo y dinero
b porque ofrecen la oportunidad de conocer a nuevas personas
c aprendizaje de lenguas, cursos de matemáticas
3 A, C, E, F

Práctica de expresión escrita (Prueba 1)

Correo electrónico

4 Organización social

4.1 COMPROMISO SOCIAL

Actividad 1: Vocabulario sobre el compromiso social

1 f, 2 c, 3 a, 4 e, 5 b, 6 g, 7 d

Actividad 2: ¿Sabemos qué es el compromiso social?

1 Todo individuo tiene una obligación con el resto de la sociedad.
2 de todos los invidviduos que participan en ella
3 lograr el bienestar colectivo, mejorar la sociedad y contribuir al equilibrio social
4 NO. Justificación: norma o regulación no obligatoria o "ley blanda"
5 Declaración universal sobre Bioética y Derechos Humanos
6 en diferentes instituciones o sectores

Práctica de comprensión de lectura (Prueba 2)

Texto A:¿Cómo podemos fomentar el compromiso social en los jóvenes de hoy?

1 **a** son agentes de cambio
b llevar a cabo talleres o dinámicas
c en la enseñanza del compromiso social
2 **a** V. Justificación: comprendan el valor del respeto por la cultura de los demás
b F. Justificación: aprenden distintas realidades
c F. Justificación: se puede invulcrar a algún fotógrafo profesional
3 a B, b C, c B
4 **a** juntar
b riesgo
c conflictos
5 B, D, F, G

Gramática en contexto

Ejemplos de respuestas
Es importante que entiendan las instrucciones.
Te sugiero que organices tu cuarto.
Lo ideal es que diseñes tu espacio.
Se espera que lo hagan a tiempo.

Texto B: La asociación Arte y Solidaridad convoca su consurso de fotografía solidario

1 **a** sostenible, equilibrado, conservado, humanitario, justo
b fomentar el arte y la cultura de manera general; recaudar fondos
c altruistas
d índole

2 **a** SÍ. Justificación: mayores de 16 años
b NO. Justificación: tanto fotógrafos aficionados como profesionales

3 **a** Para concursar habrá dos temáticas, una sobre el municipio de Toledo y **otra libre**.
b Las fotos presentadas a la temática Toledo **podrán optar a premios de la temática libre**.

4 B, D, E, G

5 entre el 1 de abril y el 30 de mayo

6 **a** Por consiguiente
b por un lado
c Además
d No obstante
e De acuerdo con

Texto C: La relación entre personas jóvenes y mayores: ventajas

1 viceversa

2 **a** **i** la evolución de la sociedad
ii el aumento de la esperanza de vida
b organizando actividades para que se conozcan y puedan convivir y, así, conocerse mejor
c con una descripción estereotipada (con estereotipos)

3

Adjetivos para describir cualidades	Adjetivos para describir defectos
ej:. *sano/saludable*	enfermo
acompañado	aislado
sociable	solitario
contento/animado	depresivo
moderno	anticuado
dulce	*amargo/antipático*
cariñoso	*distante/despegado*

4

Sustantivos	Adjetivos
humor	*humorístico*
vitalidad	*vital*
motivación	*motivado*
valía	*valioso*

5 **a** puede ayudarles a conseguir cambios positivos de humor
b un aumento significativo de la vitalidad/la autoestima/la motivación/la valía personal/la sensación de ser necesitados
c adquieren un renovado aprecio por las propias experiencias vividas en el pasado, una reducción de los síntomas depresivos y se fortalecen frente a la adversidad

6 **a** F. Justificación: su rendimiento académico es mejor
b V. Justificación: agradecen el apoyo de los mayores
c V. Justificación: sabiduría y experiencia acumulada durante años
d V. Justificación: aprenden sobre sus orígenes y la historia de su ciudad, de su pueblo y de su país

Práctica de comprensión auditiva (Prueba 2) (NS)

Texto A: Aldeas Infantiles SOS Perú

1 a la segunda guerra mundial

2 trabaja para reintegrarlos a sus familias

3 los hermanos biológicos crecen juntos

4 en nueve

5 a las familias en riesgo de separarse

6 para que fortalezcan sus capacidades de desarrollo

7 para que mejoren los sistemas de protección

Texto B: CANICA Oaxaca

1 **a** La finalidad de este centro es **ayudar a la niñez y adolescencia**.
b Los niños se encuentran en una situación **de calle**.
c La cifra de niños en esta situación incrementa **en el periodo vacacional**.
d El taller mensual está dirigido a **los padres**.
e Los campos que se exploran son: **afectivo, psicológico, cognitivo y de salud**.

2 a A, b A, c C, d C

3 **a** con la ayuda de donativos
b voluntarios y colaboradores
c 8 meses
d a violencia intrafamiliar y pobreza extrema
e actividades lúdicas y educativas
f que los menores egresen con un compromiso social

Práctica de expresión escrita (Prueba 1)

Cartel o afiche

4.2 EL MUNDO LABORAL

Actividad 1: El mundo laboral

1 para afrontar los gastos diarios

2 a través del trabajo/formando parte del mundo laboral

3 los que no tienen casa (en la que refugiarse)

4 cónyuges

5 sueldo y salario

6 un contrato privado

7 semanal, quincenal o mensual

8 futbolistas, tenistas, jugadores de rugby o de golf, actores y actrices de cine, "famosos"

9 lo que los empleadores quieran pagar; tipos de contrato; desigualdad de género

Actividad 2: Preparación para la lectura del texto A

1 1 c, 2 g, 3 l, 4 i, 5 a, 6 d, 7 k, 8 j, 9 b, 10 e, 11 h, 12 f

2 1 d, 2 a, 3 e, 4 c, 5 b

Práctica de comprensión de lectura (Prueba 2)

Texto A: Contratos flexibles: el contrato "cero horas"

1 **a** F. Justificación: el empleador no fija una cantidad constante de horas de trabajo a la semana
b F. Justificación: el trabajador tiene que trabajar en exclusividad para esa empresa
c V. Justificación: también en otros países como Holanda o Bélgica
d V. Justificación: les segundos afirman que es una forma de explotación laboral

2 **a** Los contratos de "cero horas" son muy comunes en **Europa**.
b Si una persona no acepta el trabajo cuando le llaman, se arriesga a que **no vuelvan a llamarlo para trabajar allí**.
c Aproximadamente un millón de personas en el Reino Unido, trabajan **bajo este tipo de contrato**.
d Los trabajadores con este tipo de contrato, reciben el salario medio semanal de **236 libras o 273 euros**.

- **e** Las empresas que usan más los contratos de "cero horas" son **las empresas tecnológicas**.
- **f** Según Canal (Channel) 4, Amazon expulsó a unos trabajadores y los volvió a contratar, lo cual les impedía contar con los derechos propios de **los contratos tradicionales**.

3 A, C, F, H, J

4
- **a** destapó
- **b** rotativo
- **c** nulo
- **d** rígida

5

En las expresiones...	la(s) palabra(s)...	se refiere(n) al...
...contrato "cero horas" en **el cual** el empleador no fija...	el cual	*contrato de trabajo de cero horas*
...sino que **éste** debe estar disponible...	éste	*trabajador*
...para cuando se **lo** requiera.	lo	*trabajador*

6
- **a** pero
- **b** tampoco
- **c** a que

Práctica de expresión escrita (Prueba 1)

Propuesta

Práctica comprensión auditiva (Prueba 2)

Texto A: Perú, trabajadores denuncian la precariedad laboral

1 1 g, 2 j, 3 m, 4 a, 5 i, 6 b, 7 d, 8 c, 9 l, 10 e, 11 f, 12 h, 13 k

2
- **a** el día internacional del trabajo/del trabajador
- **b** (Se trata de) una fecha para (de) reivindicar.
- **c** Es un día de lucha.
- **d** solución a la problemática (de los trabajadores)
- **e** Se reducen en 10 días/(de 30 a 20 días)
- **f** aumento al sueldo mínimo (y otras demandas)
- **g** ir al paro
- **h** el 20 de junio
- **i** a los empresarios
- **j** No han descansado, no han aprovechado el día de vacaciones.
- **k** miles de personas

Texto B: 22,000 jóvenes profesionales desempleados

1 a A, b B, c B, d C, e B

2
- **a** A la hora de encontrar trabajo, las mujeres **tienen más dificultad/mayor problema**.
- **b** Los anuncios siempre piden una experiencia de entre cinco **y 10/diez años**.
- **c** La reportera visitó varias **ferias de empleo**.
- **d** 294,000 personas **buscan empleo**.
- **e** Las ofertas de trabajo **son pocas**.
- **f** La gente en la fila necesita **trabajar/un trabajo**.
- **g** Un joven dice que estuvo esperando más de **4/cuatro horas**.
- **h** El número más alto de desempleados en una **década**.

4.3 LA COMUNIDAD

Actividad 1: Vocabulario preparatorio para el texto A

(Las repuestas variarán.)

Práctica de comprensión de lectura (Prueba 2)

Texto A: La importancia de vivir en comunidad

1 a B, b C

2 B, C, F, H

3 nadie puede vivir mucho tiempo sin su comunidad

4
- **a** del barrio
- **b** aportar nuestro granito de arena

Texto B: Cómo mejorar nuestra comunidad

1 a Creación de un jardín o huerto comunitatio
  b El problema de la basura
  c Llena tu comunidad de arte
  d Actividades para los jóvenes

2 a parecer
  b embellecer
  c parcela
  d fértil
  e atender

3 a B
  b D
  c E
  d H

4 C

Texto C: Las comunidades indígenas de América Latina

1 a forma de ver la vida y tradiciones
  b costumbres, identidad y ocupación geográfica
  c la conservación de sus propias instituciones sociales, culturales, políticas y económicas
  d a una población originaria del territorio que habita
  e Grupos humanos o etnias que preservan su cultura tradicional y que presentan características como pertenecer a tradiciones organizativas distintas al estado moderno
  f persecuciones y violaciones

2 a F. Justificación: el resto por toda la selva amazónica
  b V. Justificación: legados que ha mantenido a través del tiempo
  c F. Justificación: representan una gran mayoría
  d F. Justificación: una ventaja y una riqueza para lograr el desarrollo del país andino
  e V. Justificación: que se refuerzan para combatir el modernismo

Texto D: Informe del Banco Mundial sobre las comunidades indígenas de América Latina en el siglo XXI

1 a La prosperidad a principios de siglo trajo a los indígenas **avances sociales significativos**.
  b Por desgracia los pueblos indígenas **no se beneficiaron** de la misma manera que el resto de población.
  c En algunos países se redujo **la pobreza de los hogares indíginas**.
  d En otros países la separación en la educación **se cerró**.

2 a queda mucho por mejorar
  b barreras estructurales
  c servicios básicos y nuevas tecnologías

3 a F. Justificación: Es bastante habitual que el público crea que [las comunidades indígenas viven en zonas rurales].
  b F. Justificación: en zonas menos seguras, más pobres, más sucias y más propensas a sufrir cualquier desastre natural
  c V. Justificación: que tenga en cuenta su cultura, su identidad y sus necesidades

4 a B, b C, c C

Práctica de expresión escrita (Prueba 1)

Página web

Práctica de comprensión de lectura (Prueba 2)

Texto A: Texto literario (novela gráfica) (NS)

(Las respuestas variarán.)

Texto B: Texto literario: La historia de Farida, de Afganistán (NS)

(Las respuestas variarán.)

Gramática en contexto

(Las respuestas variarán.)

5 Como compartimos el planeta

5.1 EL MEDIO AMBIENTE Y LOS DESASTRES NATURALES

Actividad 1: Vocabulario sobre desastres naturales

1 1 f, 2 d, 3 a, 4 g, 5 j, 6 b, 7 e, 8 i, 9 c, 10 h
2–4 *(Las repuestas variarán.)*

Actividad 2: Medio ambiente

(Las repuestas variarán.)

Práctica de comprensión auditiva (Prueba 2)

Texto A: ¿Qué es el medio ambiente?

1 Los elementos químicos, físicos y biológicos con los que interactúa el ser vivo. Además para el ser humano, incluye también elementos culturales y sociales./Es el sitio físico, la cultura y las tradiciones.
2 Creer que el medio ambiente son solo los elementos que encontramos de forma natural en la naturaleza.
3 natural: clima, geografía, faunas, flora, etc.
cultural: objetos fabricados por el hombre y actividades socioeconómicas
4 extinción de especies
contaminación del agua
desplazamiento de poblaciones animales y humanas
5 el estudio de relaciones entre los seres vivos y el medio ambiente
6 Propone que la subsistencia de los primeros se haga asegurando el respeto de los recursos naturales.

Texto B: El debate sobre el cambio climático está cambiando: Greta Thunberg

1 Greta cree que su mensaje contra el cambio climático **está asentándose**.
2 La sueca partió hacia Nueva York con el motivo de extender **su mensaje ecologista** entre los norteamericanos.
3 La forma en la que vemos la crisis climática **ha cambiado**.
4 La gente se está tomando esto de forma **más urgente**.
5 Desde que copó **titulares en (agosto) (2018)** por protestar frente al parlamento sueco...
6 ... se ha reunido con varios **líderes políticos y empresarios**.
7 Greta no se ve como un ícono, sino como una **mera activista** por el clima.
8 Greta preferiría que la gente escuchase a **la ciencia**.
9 Va a hacer la travesía a la cumbre de Naciones Unidas sobre el clima **en un velero** que no genera emisiones de carbono.
10 La joven que nunca **antes había navegado** pasará dos semanas en alta mar.

Texto C: El crecimiento económico y su impacto en el medio ambiente

a A, b C, c B, d B, e A, f C

2 creación de fuentes de energía limpias
creación de políticas públicas
un urbanismo más amable con el medio ambiente
creación de una agricultura sustentable

Texto D: Desertificación, ¿qué es?

B, D, F, H, J

Actividad 3: Vocabulario preparatorio para texto A

Foto 1: 3 g
Foto 2: 8 b
Foto 3: 6 c
Foto 4: 1 h
Foto 5: 7 f
Foto 6: 2 a
Foto 7: 4 e
Foto 8: 5 d

Práctica de comprensión de lectura (Prueba 2)

Texto A: Texto informativo: El Parque Nacional de Doñana en España

1 **a** Es reconocido a nivel mundial (como un centro básico para el conservacionismo).
b **i** a caballo entre
ii una cifra impresionante
iii conservacionismo
c B, D, F
d el viaje de las aves en su migración anual

2 **a** aquellos
b cada vez
c Además
d solo

4 (estar dispuesto a) practicar un turismo activo

5

En las expresiones...	la palabra o forma...	se refiere a...
podrá hacer**la** incómoda	la	*nuestra visita*
lo hará todo más bonito	lo	*el parque*

6 Doñana siempre ofrece algo/siempre hay algo que ver y hacer./Doñana no te decepciona.

7 **a** (cría de) ganado bovino y caballar/vacas y yeguas (o caballos)
b Vacas y caballos (pastando/que pastan) en libertad.
c (caballos) de retuerta
d dar un paseo por la playa Matalascañas/avistar cetáceos

Práctica de expresión escrita (Prueba 1)

Informe

Gramática en contexto

Estructuras para dar instrucciones y sugerencias
(Las respuestas variarán.)
Ej.: Sería aconsejable evitar los gases de efecto invernadero.

Práctica de expresión escrita (Prueba 1)

Artículo

5.2 PAZ Y CONFLICTO

Actividad 1: Conceptos de paz y conflicto

(Las repuestas variarán.)

Práctica de comprensión de lectura (Prueba 2)

Texto A: ¿Cómo ayudar a resolver conflictos entre amigos?

1 **a** discrepancia
b afrontar
c solventar

2 **a** factible
b reconciliar
c riña
d sin tomar partido

3 **a** No, no hay que forzar ni apresurar la reconciliación.
b A, C, E

4 **a** F. Justificación: Debes/Debemos aceptar su decisión./Debes/Debemos tener en cuenta que pueden tener sus propios motivos.
b V. Justificación: Debemos aceptar sus decisiones personales/evitar tomar una postura insistente respecto a hacerles cambiar de idea./Cada persona es dueña de sus decisiones.

5 **a** Sección 1: Una de las principales acciones para ayudar a nuestros amigos es **tener claro cuál ha sido el motivo real de su discrepancia**.
b Sección 2: Podemos explicar a nuestros amigos que no es necesario usar la violencia o la agresión y que hay otras formas, como por ejemplo **comunicación asertiva, el respeto por las opiniones ajenas, la aceptación entre personas**.
c Sección 4: Es también muy importante ser capaz de **aceptar los puntos de vista de ambos/mantenerte imparcial**.

Práctica para la Prueba 1, Uso de registro

(Las respuestas variarán.)

Práctica expresión escrita (Prueba 1)

Correo electrónico

Práctica de comprensión de lectura (Prueba 2)

Texto B: Retos para América Latina en el siglo XXI: la violencia

1 **a** A pesar de que
b Además
c por el contrario

2 **a** Párrafo 1: Los principales retos a los que se enfrenta América Latina son **el aumento de la violencia interpersonal y la violencia vinculada al crimen organizado**.
b Párrafo 2: Dos de las características que promueven la violencia son **el incremento de hombres jóvenes y una creciente participación de la mujer en el mercado laboral**.
c Párrafo 2: La falta de supervisión familiar y social en los jóvenes **puede dar lugar a la violencia machista y actividades ilegales**.
d Párrafo 3: La violencia depende más de la forma en que los gobiernos se enfrentan a los mercados ilegales de la droga, especialmente si hacen la vista gorda, que **al hecho de que los países sean productores de esa droga**.
e Párrafo 4: Según el texto, la principal fuente de violencia es **la impunidad**.
f Párrafo 5: El problema de hacer uso de la "mano dura" en algunos países es que genera **más violencia**.
g Párrafo 5: La debilidad de algunos estados se manifiesta porque tienden a **recurrir a la violencia porque no pueden controlarla**.

3 **a** cotidiana
b se cometa
c atenuado
d fortaleciendo
e exacerba

Actividad 2: Los Muros

(Las respuestas variarán.)

5.3 MEDIO URBANO Y RURAL

Actividad 1: Vocabulario relacionado con los medios urbano y rural

1 d, 2 f, 3 g, 4 e, 5 a, 6 b, 7 i, 8 j, 9 h, 10 c, 11 p, 12 n, 13 o, 14 k, 15 l, 16 m

Actividad 2: Medio urbano o rural, y sus dificultades

1 *(Las respuestas variarán.)*

2

Rural	*contaminación del agua, del aire, de residuos*
Urbano	*contaminación lumínica, acústica, alimentaria, de tráfico, visual*
Más peligrosos	*radioactiva, electromagnética, térmica*

Práctica de comprensión auditiva (Prueba 2)

Texto A: Diferencia entre el campo y la ciudad (variante Argentina)

1

En el campo	En la ciudad
Vive poca gente.	*Vive mucha gente.*
Hay pocos negocios y comercios. *Hay pocas viviendas.*	Hay muchos edificios con negocios, viviendas y oficinas.
Las calles son de tierra.	*Las calles son de asfalto.*
Trabajos que se realizan: • *cría de ganado* • *siembra* • *cosecha* • *también tambo mecánico*	Hay muchas fábricas.

2
- En el campo, las personas son grandes productores de alimentos.
- En la ciudad, hay grandes avenidas.
- En el campo, generalmente hay una escuela.
- En la ciudad, hay señales de tránsito y semáforos para controlar el tránsito.
- En la ciudad, andan muchos coches.

Texto B: Raramuris, los corredores más resistentes del planeta

1 (Los llaman) *pies ligeros*, porque pueden (son capaces de) correr cientos de kilómetros (sin cansancio ni dolor).

2 solo compiten entre ellos (entre tarahumaras)

3 Apuestan todo lo que tengan en su casa, hasta animales.

4 (el) pinole

5 Son en zigzag, y uno tiene que dar muchas vueltas.

6 porque tenía mucha prisa ("estoy purado" – "apurado" significa "de prisa")

7 unos 100,000 *pies ligeros*

8 porque ninguna prueba es suficientemente larga para ellos

9 Debido a la topografía del lugar y a las curvas del camino los tarahumaras han debido aprender a correr para trasladarse de un lugar a otro en una extensa zona.

Texto C: Santa María Coapan, un pueblo que vive del maíz

1 la imagen de la milpa

2 del maíz

3 Son terrenos orgánicos sin contaminación de fertilizantes.

4 el metate

5 más de 20 kilos

6 antes de la hora de la comida

7 5 pesos

8 4 toneladas

9 una lucha continua por salir adelante

10 Las mujeres con su trabajo suponen la principal entrada económica diaria. Todo esto depende de la existencia de la milpa (o maíz) y el aprendizaje transmitido de generación en generación sobre la forma de hacer tortillas (o "echar tortillas").

Texto D: 7 Pueblos fantasma de México/Pueblos abandonados

1
a la minería/las minas/pueblo minero
b en 1948, por una huelga de mineros
c Cerró los accesos a las minas.
d 100 personas

2
a la minería/las minas/pueblo minero
b en 1598
c españoles
d oro, plata, zinc, manganeso
e por una tormenta/una fuerte tormenta inundó la mina
f 400 ños

3 **a** la minería/las minas/pueblo minero
b los siglos 18 y 19 (XVIII y XIX)
c cobre, plata, oro, mercurio, bronce, aluminio
d el asesinato del cura
e por una inundación
f 200 personas

4 A, B, D, F, G

5 **a** Era un pueblo **minero y turístico**.
b El pueblo se fundó en **el siglo 17/(en el siglo XVII)**.
c Hubo una serie de lluvias e inundaciones junto con **avalanchas de lodo**.
d Los habitantes **abandonaron el lugar** en 2010.
e El pueblo ahora está habitado por **mariposas, flores y animales** del bosque.

6 **a** Los indígenas **incendiaron/quemaron** y reconstruyeron el pueblo.
b El principal metal extraído es **plata**.
c Su principal actividad era la **minería**.
d La población **emigró** a otras partes buscando trabajo.
e Fue un destino turístico popular en los años **80**.

7 **a** una erupción volcánica sepultó el pueblo
b ninguno/nadie/No hubo muertos.
c como tenebroso
d *(Las respuestas variarán.)*

Práctica de comprensión de lectura (Prueba 2)

Texto A: ¿Cuáles son las diferencias entre el mundo rural y urbano?

1 A, C, D, F

2 **a** la zonas centrales
b de materias primas
c porque hay menos población/pocos edificios

3 **a** F. Justificación: existen numerosos criterios.
b F. Justificación: En todos los países hay zonas rurales y zonas urbanas.
c V. Justificación: suelen ser las zonas más urbanizadas o más desarrolladas

Texto B: Ventajas y desventajas de las grandes ciudades

1
- El transporte público porque no es necesario tener vehículo (coche) propio.
- La vialidad porque conecta todos los puntos de la ciudad.
- La vivienda con servicios que mejoran la vida diaria (como agua, gas, electricidad, calefacción, aire acondicionado, etc.).
- El empleo, porque hay diversidad de opciones laborales.
- Servicios médicos y asistenciales porque hay una variedad de centros asistenciales, tales como hospitales, clínicas, ambulatorios, protección civil y bomberos.
- Educación; mientras más grande es la ciudad, más opciones educativas ofrece.
- Entretenimiento porque en las ciudades hay más vida cultural, deportiva, social y nocturna.

2

Precios de las viviendas	[3]
Contaminación de aire y ruido	[1]
Criminalidad	[4]
Privacidad	[5]
Hacinamiento	[2]

3 por mejores oportunidades laborales, mejores servicios, más oferta de ocio y entretenimiento, más contacto con personas de otras culturas y más posibilidades de encontrar una vida mejor.

Práctica de expresión escrita (Prueba 1)

Blog

Actividad 3: Vocabulario preparatorio para el texto literario (NS)

1 d, 2 f, 3 a, 4 g, 5 b, 6 j, 7 i, 8 c, 9 e, 10 h

Práctica de comprensión de lectura (Prueba 2)

Texto B: Texto literario: *Hombre que mira la tierra* (NS)

Actividad 4: Palabras en *Hombre que mira la tierra*

1 para enfatizar y resaltar lo seca que está la tierra

2 El uso repetido de las conjunciones imprime lentitud al ritmo del poema. (La figura se llama polisíndeton.)

3 El subjuntivo se usa para expresar un deseo, un miedo o una posibilidad. El condicional para pedir algo con un tono cortés, o como una petición hacia un poder superior, en este caso la naturaleza.

Gramática en contexto

El modo subjuntivo

(Las respuestas variarán.)

Preguntas de comprensión de lectura

1 El poema refleja lo que ve el "hombre que mira la tierra".

2 terrones, semillas, caudal, lluvia, zanjones, barro, raíces

3 azadones, arados

4 Ejemplo: El poema refleja una tierra árida y estéril donde el poeta querría que fuera fértil y cultivable.

5 *(Las respuestas variarán.)*